성공의 카르마

THE KARMA OF SUCCESS

성공의 카르마

진정한 부와 행복을 끌어당기는
압도적인 성공 법칙

리즈 트란 지음 · 서나연 옮김

쌤앤
파커스

차례

들어가는 글   최고의 결과는 내면에서 나온다   6

1부   **성공 연습 4가지** 완벽하게 변화할 준비하기

1장   당신은 나아질 수 있다   20
2장   진정한 내가 될 수 있다   26
3장   행복은 바로 여기에 있다   36
4장   직관을 따르면 성취가 따른다   43
카르마의 선물 ① 나의 인생을 타인이 결정하게 하지 마라   52

2부   **성공 전략 1단계** 내면세계를 탐구하기

5장   고요, 고정, 고독을 실천하라   60
6장   나는 내 생각보다 괜찮은 존재다   69
7장   최고의 결과가 나오는 또 다른 곳   80
8장   자존심을 멀리하라   91
카르마의 선물 ② 성공하고 싶다면, 내면을 위한 시간을 내라   100

3부 성공 전략 2단계 진정한 성공을 만날 준비하기

9장 언제든지 만날 수 있는 멘토를 찾아라 106
10장 최대한 빠르게 성공하려면 113
11장 최대한 빠르게 실패하라 124
12장 당신의 타고난 탁월함을 낭비하지 마라 136
카르마의 선물 ③ 기술적으로 기록하라 147

4부 성공 전략 3단계 스스로를 경호하기

13장 당신은 당신의 영혼을 돌봐야 한다 158
14장 눈앞에 있는 것에 집중하라 168
15장 당신을 경호하라 179
16장 기쁨, 슬픔, 그리고 기쁨 191
카르마의 선물 ④ 진정한 성공을 만날 준비를 마쳐라 203

5부 성공 전략 4단계 불확실성에 몸을 기대기

17장 결점으로 성장하라 210
18장 리버스 골든 룰: 천재성의 진리 216
19장 불안이 당신을 나아가게 한다 226
20장 고난은 성공의 근원이다 238
카르마의 선물 ⑤ 정답이 없다는 게 정답이다 255

나오는 글 당신은 모든 준비를 마쳤다 261
감사의 말 264
참고문헌 266

최고의 결과는 내면에서 나온다

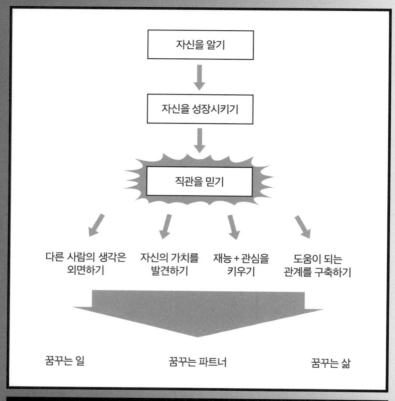

표1 직관적 일의 과정

우리는 보통 내 안의 목소리는 외면하고 정해진 길을 따라가라고 배운다.
이는 잘못된 생각이다. 최고의 결과는 내면에서 나온다.

··· ·

범재와 천재를 가르는 것

진정한 성공, 세상의 모든 위대한 예술작품, 과학, 지식은 찰나의 직관에서 시작했다는 것을 아는가? 미국 미술계의 독보적인 존재, 조지아 오키프Georgia O'keeffe는 자신의 직관적 통찰을 따라 뉴욕을 떠나 뉴멕시코 전원 지역으로 향했다. 그곳에서 그녀는 직접 옷을 만들어 입고, 자신만의 요리법으로 음식을 조리해 먹었으며 요즘으로 치면 165달러로 폐허가 된 집을 사들였다. 아무도 원하지 않는 집이었지만 그녀의 마음에는 쏙 들었다.

비평가들의 말은 깔끔하게 무시했던 그녀는 거친 풍경, 진흙 벽돌로 지은 건물, 사막에서 발견한 동물의 해골 등을 자유롭게 그렸다. 추상 표현주의, 예술 세계의 집착에서 극적인 이탈을 한 셈이었다. 그녀는 오직 자신에게 중요한 것에만 집중하면서 메트로폴리탄 미술관, 뉴욕 현대

미술관, 백악관에 걸려 있는 일생일대의 작품들을 만들었다. "나는 언제나 기꺼이 혼자 서 있고 싶었어요." 그녀는 이렇게 말했다. 그녀는 작품과 삶, 모든 영역에서 자기 내면의 목소리 말고 아무것도 듣지 않았다.

내면의 목소리든, 본능이든 혹은 직감이나 내면의 진실이든 어떻게 부르든지 우리는 삶에서 직관을 경험해봤다. 오랜 시간 고민한 문제가 샤워할 때 떠오른 생각으로 해결된다거나, 자신도 모르는 사이에 얻게 되는 놀라운 아이디어 같은 것이다. 어떤 상황에 대한 직감으로, 결국 옳았다고 확인받는 그런 느낌이다. 심리학자인 마틴 셀리그만Martin Seligman과 마이클 카하나Michael Kahana는 직관을 '빠르고', '의식하지 않으며', '높은 자신감으로 이루어지는 것'으로 설명했다. 간단히 말해 직관은 어떻게 아는지는 모르지만 무언가를 아는 것이다. 범재와 천재를 가르는 것은 바로 이 직관을 기르는 데 들이는 시간의 양이다. 천재는 직관을 위해 충분한 시간을 투자한다.

당신이 직관을 사용해야 하는 이유

나는 북인도의 산악지대에서 직관을 믿기 시작했다. 10년 전, 달라이 라마의 거주지 근처 아쉬람ashram*에서 요가를 배우던 때의 일이다. 하루는 아일랜드에서 온 치유자가 15달러에 치유 수업을 연다는 이야기를 들

---

* 힌두교도들이 수행하며 사는 암자

었다. 당시 직업적으로 길을 잃고, 결혼생활도 불행했던 나는 삶의 방향을 간절하게 찾고 싶었다. 수업이 어떤 결과를 가져올지 모른 채 무작정 치유자에게 연락했다.

치유자를 만나고, 그녀의 방에 가자 그녀는 나를 바닥에 눕게 했다. 내 눈을 감게 하고 명상의 세계로 이끌었다. 계단을 내려가고 정원을 통과해 내 마음의 방으로 가도록 안내하는 그녀의 목소리가 수업을 이끌었다. 나는 곧 깊은 최면 상태에 빠졌다. 그리고 그녀는 내게 원하는 답을 주지 않을 것이라고 말했다. 대신, 내가 나에게 직접 답을 주어야 했다.

"직관을 이용하세요. 그리고 자신에게 안내를 부탁하세요."

그녀가 말했다. 최면 상태에서 치유자의 안내를 따랐다.

"나는 길을 잃었어요."

내가 말했다.

"일도 사람도 어떻게 해야 할지 전혀 모르겠어요. 직관은 내가 가야 할 길을 알려줘요."

신기하게도 두 문장이 곧바로 떠올랐다. 나는 그것을 똑똑히 들었다. 머릿속의 목소리는 내 목소리처럼 들렸지만, 무언가 달랐다. 더욱 강하고 확신에 차 있었다. 그곳, 낯선 이방인의 방바닥에서 혼란은 사라졌고 나는 정확히 무엇을 해야 할지 알게 되었다.

수업이 끝난 후, 나는 치유자의 방에서 나와서 거처로 돌아가려고 했다. 그러나 표지판이 없는 숲길이 나를 이끌었고, 나는 얼마 가지 않아 길을 잃었다는 것을 깨달았다. 휴대전화가 없었기에 해가 서쪽으로 기울

때까지 걷고 또 걸었다. 주변에 사람이 사는 흔적을 찾아봤지만, 아무것도 없었다. 사람도, 건물도, 도로 한 자락도 보이지 않았다. 그 길로 들어선 것을 후회하고 있을 때 갑자기 낯선 소리가 고요한 숲을 가로질렀다. 나는 숨을 참았다. 그 소리가 정체를 드러내기를 기다렸다. 그것은 숲 한가운데를 지나가는 결혼식 행렬이었다. 알록달록한 옷을 입은, 흥청거리는 하객들이 40명 가량 있었고, 음악이 숲을 가득 채웠다. 행복해 보이는 신랑과 신부가 단상에 올라가는 사이, 악기가 연주되고 심벌즈가 요란한 소리를 냈다. 아름다움이나 마법과는 비할 수 없는 순간이었다. 그리고 직관적으로 그들을 따라가야 한다는 것을 알았다. 마침내 그 행렬은 나를 도로로 이끌어주었고, 주위를 둘러보니 거처에서 몇 걸음 떨어진 곳에 와 있다는 것을 깨달았다. 나는 직감을 따라 미지의 길을 따라갔다. 치유자가 말했던 것처럼, 내면의 안내를 믿을 수밖에 없었다. 길을 잃고 확신이 들지 않을 때조차 내가 있어야 할 곳에 정확히 있었다.

인도에서 그날을 경험하기 전까지 나는 그 반대로만 행동했다. 끊임없이 나 자신과 동료들을 비교하고 성공한 사람들을 모방했다. 멘토들을 찾았고 그들이 제안하는 모든 것을 한 치도 틀림없이 그대로 했다. 나는 커리어에 도움이 될 만한 자료와 정보를 끊임없이 모았다. 최선을 다했는데도 인사와 채용 면에서 성과는 만족스럽지 않았고, 주목받지 못했고 성취감을 느끼지도 못했다. 게다가 나는 어린 나이에 멋지게 보이는 사람과 결혼했다. 내가 했던 다른 선택들과 마찬가지로 그저 그렇게 하는 것이 성공한 사람처럼 보였기 때문이었다. 하지만 그 관계는 제대로 움직이지 않았다. 나는 외부세계와 타인만 전적으로 신뢰했고, 자기 자신과 내면세계는 전혀 신뢰하지 않았다.

그날 인도에서 내 직관이 말해준 두 문장은 단순했지만 내 인생의 궤도를 바꾸어 놓았다. 직관은 이렇게 말했다. "커리어나 인간관계에 대해 걱정하는 대신, 내면세계에 집중하라." "앞으로 수년간 발전시켜야 할 것이 있다. 바로 지금이 시작할 때이다." "지금까지 성공이라고 여겼던 건 모두 가짜다. 우리는 진정한 성공을 만날 수 있다."

뉴욕으로 돌아와서 나는 내면을 탐구하는 데 전력을 다했다. 상담가를 찾았고, 불교 모임에 가입했으며 명상과 점성술, 그리고 '레이키'라는 일본의 기치료 방법을 공부했다. 그날 아일랜드의 치유자와 했던 것처럼 나는 이혼과 가족의 어려운 문제, 새로운 내면세계의 여정을 항해하면서 내 직관이 가진 지혜를 묻고 또 물었다.

내면세계에 집중하는 동안 많은 것이 긍정적으로 변화했다. 특히 나의 커리어가 활짝 꽃피웠다는 사실을 발견하고 그 누구보다 나 자신이 가장 놀랐다. 내 직관은 옳았다. 외부세계를 향한 관심을 멈추고 나 자신에게 신경을 기울이기 시작했을 때 일과 사랑 문제는 어떻게든 저절로 해결되었다. 인도 아쉬람에서 돌아오고 몇 년 후, 나는 명망 있는 벤처캐피털에서 유일한 여성 임원으로 안정적인 소득을 얻으며 일하게 되었다. 가난했던 어린 시절에 비하면 상상조차 하기 어려운 일이었다. 다른 사람들이 내가 내리는 결정이 얼마나 '비현실적'이고, '비논리적'인지 이야기하는 것과는 상관없이 나는 내 직관을 계속 따랐다. 심지어 벌이가 좋은 일자리를 떠나 '리셋Reset'을 설립할 때도 나는 직관을 따랐다. 리셋에서 나는 세계에서 가장 빠르게 성장하는 기업들의 CEO들과 창업자들에게 조언하고, 전 세계의 청중을 대상으로 성공과 직관을 주제로 팟캐스트를 진행했다. 직관을 따르면서, 나는 생각했던 것보다도 훨씬 더 안정적으로 경제적인 부를 창출하고 있다. 치유자의 방에서 들었던 수업 이전에는 생각조차 하지 못했던 일이다.

나는 이제 성공이 어떻게 나에게 도달하였는지 아주 분명하게 보인다. 직관을 따르고, 내면세계에 집중했기에 진정한 성공이 자기 발로 걸어온 것이다.

내면세계가 정렬되고 나면 발견되는 것

나는 내면세계를 탐험하면서 '성공의 카르마'를 만들어냈다. 나에게 성공의 카르마는 직관을 통해 승리와 성취를 만나는 기술이다. '카르마'라는 개념의 기원은 수천 년 전으로 거슬러 올라가는데, 핵심은 이것이다. 카르마는 이번 삶에서 우리가 어느 행동을 하느냐에 따라 얻는 개인적 결과이며, 우리는 우리가 가진 가치와 진정성과 직관에 맞추어 살아갈 때 긍정적이고 좋은 카르마를 얻을 수 있다. 직관과 내면세계에 대한 투자는 시간을 버리는 쓸데없는 일이 아니다. 훌륭한 성취가 자랄 근본적인 토양을 신중하게 고르는 중요한 일이다. 성공의 카르마는 내면세계가 정렬되고 나면 발견될 수밖에 없는 필연적인 외적 성공과 관련이 있다. 내면세계 탐구로 직관의 소리를 들어, 외적인 성공으로 나아가는 것. 그것이 바로 진정한 성공의 기술, 성공의 카르마다.

우리가 탐구할 또 하나의 중요한 개념은 '내면의 천재성'이다. 지구에 사는 모든 사람들에게 각자의 카르마, 즉 완수해야만 하는 운명이 있듯이 모든 사람에게 타고난 내면의 천재성이 있다. 이는 나 자신의 가장 좋은 상태이자 내가 인식하는 것보다 훨씬 더 영리하고 현명하며 한층 더 창의적인 나의 일부이다. 우리가 무엇을 해야 하는지 의식적으로는 모르더라도 내면의 천재성은 언제나 알고 있다. 중요한 것은 자연스러움이다. 이것은 우리가 무언가 뛰어난 것을 만들어낼 때마다 우리의 손가락이 키보드와 캔버스 혹은 주방 조리대 위를 움직이게 만드는 동력이다. 내면의 천재성이 연결될 때 우리는 가장 훌륭한 업적을 만들어낼 뿐아니라 쉽고, 즐겁게, 활기찬 방식으로 일할 수 있다.

내면의 천재성과 직관, 성공 법칙, 성공의 카르마. 이것들은 똑같은 노래의 화음과 리듬과 멜로디와 같다. 우리 내면의 천재성은 삶에 최고의 아이디어와 창출을 가져오는 우리의 일부이고, 직관은 그것과 소통할 때 이용하는 언어이다. 모든 건 자연스럽게 흘러간다.

성공의 카르마는 내면의 천재성과 직관이 맞물려 작동할 때 태어난다. 우리가 내면세계를 탐구해가는 동안 내면의 천재성과 직관, 진정한 성공 법칙, 이렇게 셋이 모두 작동하여 우리가 품은 더없이 훌륭한 꿈을 현실로 만들어준다.

진정한 성공을 찾아야 하는 이유

오늘날 많은 사람들이 과로에 시달리고, 극도로 지쳐 있으며 성취감을 느끼지 못하는 삶을 살고 있다. 게다가 더 오래 일하고, 더 열심히 인맥 관리를 하고, 더 많이 희생하라고 요구받는다. 이처럼 생산성과 성취에 대한 집착은 어느 것도 쉽게 만들어주지 않으며 하루하루를 고통 속에서 살게 만든다. 나는 이것을 '기계적 일'이라고 부른다. 우리는 로봇처럼 사회가 주는 지시를 따르고 그로 인해 스스로 결정하는 방법을 잊어버린다.

나는 직관과 연결되기 전, 초년 시절을 그렇게 보냈다. 타인이 보았을 때 나는 꽤 성공한 사람처럼 보였을 것이다. 그러나 말하고 싶다. 내가 한 성공은 기계적 일 중 하나이며 아주 작은 성공, 가짜 성공이라고. 우리는 바로 그 가짜 성공을 외면해야 한다고 말이다. 진정한 성공을 위한다면, 그리고 그것을 열렬히 원한다면 가짜 성공이 주는 달콤한 유혹에 넘어가면 안 된다.

기계적 일의 반대는 '직관적 일'로, 그것은 외부세계에 개의치 않고 내면의 목소리에 귀 기울이는 고대의 기술이다. 직관적 일을 실행하면 우리는 더 이상 이력서나, 인간관계에서 다른 사람들의 평가에 얽매이지 않을 수 있다. 타인의 인정을 반드시 받아야 하는 기계적 성공이 아니라, 진정한 성공으로 가는 퍼스트클래스에 안착할 수 있다. 뛰어난 통찰과 비약적 발전이 일상적인 일이 되면서 아주 자연스럽게 눈에 띌 것이다. 이처럼 내면의 천재성을 자유롭게 풀어놓으면 성공의 카르마는 물론이고 진정한 성공 역시 만날 수 있다.

이 책에는 기계적 일에서 직관적 일로 전환하고, 가짜 성공을 넘어 진짜 성공을 만날 수 있도록 도와줄 4단계의 성공 전략이 담겨 있다.

1단계 내면세계를 탐구하기
2단계 진정한 성공을 만날 준비하기
3단계 스스로를 경호하기
4단계 불확실성에 몸을 기대기

이것은 일적인 성공뿐만 아니라 사적인 성공, 행복과 성취에 대한 것이기도 하다. 이 전략들 뒤에 숨은 고대의 지혜를 알게 될 것이고, 이를 실천하는 사람들의 이야기를 들으며 어느 때보다 나 자신을 깊이 이해하는 여정을 떠나게 될 것이다. 나 자신과 다른 사람들을 지도하면서 터득한 중요한 사실은 '일할 때의 나'와 '집에 있을 때의 나'는 분리된 별개의 존재가 아니라는 것이다. 직업적인 행복은 개인적인 행복을 공급하고, 그 반대도 마찬가지다. 당신은 복합적이고 독특한 존재이며 무엇이든 해낼 수 있다. 당신은 자신을 관리하면서 커리어 역시 관리하게 될 것이다. 이것이 내가 말하는 진정한 성공이다.

이 책을 선택한 당신은 준비가 되었다는 뜻이다. 당신의 직관이 당신을 이곳으로 이끌었고, 당신의 내면 깊은 곳은 더 뜻깊은 삶을 원한다는 것을 알고 있다. 무엇과도 비할 수 없는 현명한 멘토인 내면의 천재성을 이용할 때가 된 것이다. 나는 단지 코치로서 당신을 격려해주기 위해 이 자리에 있을 뿐이다. 길을 이끄는 것은 당신과 당신의 직관이다.

당신은 오래전부터 천재였다

대체로 나는 성공하기 위해서 어떻게 변화해야 하는지 조언을 받는 쪽이 었다. 이를테면 이런 이야기들이었다.

· 일 앞에서는 철저히 이성적이어야 한다.
· 지금보다 더 세련된 사람이어야 하며 전문성을 높여야 한다.
· 좋은 대우를 받으려면 먼저 옷차림에 신경 써야 한다.

당신은 어떤가? 당신이 어떤 사람인지, 무슨 이야기를 들어보았나? 자신을 바꾸라는 요구를 받았는가? 처음에 나는 조언을 받은 대로 따랐지만, 시간이 지나면서 점점 막막한 좌절감을 느꼈다. 나는 그 조언들이 나만의 독특한 개성을 지우고, 더 뻔하고 순응적인 사람으로 만들고 있음을 느꼈다. 게다가 효과도 없었다. 나와 다른 누군가가 되려고 시도한다고 해서 내가 더 좋은 사람이 될 수는 없었다. 나를 잃어갈수록 진정한 성공과도 점점 멀어졌고, 하루하루가 끔찍한 공허함의 연속이었다.

당신을 '직업의식'이라는 진부한 틀에 억지로 집어넣으려는 다른 이야기들과는 달리 이 책에서는 어떤 절대적인 규칙도 찾을 수 없을 것이다. 대신 내가 제안하고 싶은 건 '성공 연습'이다. 성공 연습은 우리가 고유한 자기 자신과 다시 연결되고 내면의 천재성을 활성화하도록 도와주는 일종의 확장, 나의 세계를 넓히는 연습이다. 연습이라고 해서 외우거나 공부할 건 없다. 당신이 지금 해야 할 일은 오직 더없이 과감하고 진실하며 생생한 모습의 자신과 다시 친해지는 것이다.

때때로 우리는 이성적이지 않을 때가 있고, 세련되거나 전문적이지 않을 때도 있다. 겨우 옷차림 하나로 대우가 달라진다면 그것은 당신의 문제가 아니다. 즉, 내가 말하고자 하는 건 당신은 그저 당신 자신에게만 집중하면 모든 게 풀린다는 진실이다.

THE KARMA OF SUCCESS

성공 연습 4가지

완벽하게 변화할
준비하기

1장 # 당신은 나아질 수 있다

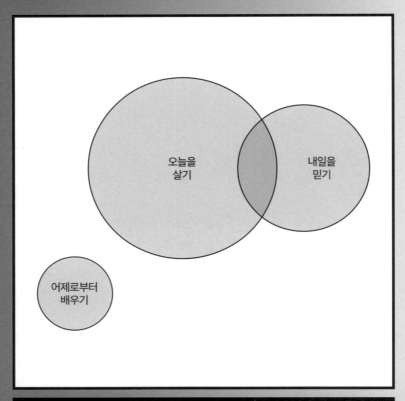

지금, 이 순간에 충실히 존재하며
열린 마음으로 깨어 있다면 무엇이든 다 가능해진다.

지난 시간을 돌아보며 일어났던 일, 혹은 일어나지 않았던 일에 대해 너무 연연하지 말자. 과거는 중요하지 않다. 과거는 오늘의 내가 아니다. 그저 과거일 뿐이다. 우리가 꼭 해야 하는 일은 단 하나, 자기 자신을 어제와 다르게 보기로 마음먹는 것이다. 지난날 우리는 자신을 어떻게 바라보았던가? 그 생각이 우리를 지금 모습으로 이끌었다. 그러니 만약 지금과는 전혀 다른 것, 지금보다 나은 무언가를 원한다면, 당연히 자신을 바라보는 방식 역시 새로워져야 한다.

> **성공 연습 ①** 나는 변화할 수 있다. 나는 이 변화가 쉽고 자연스럽게 이루어지도록 한다.

모든 것은 변한다

일본의 선불교를 미국에 전파한 승려 스즈키 순류鈴木俊隆는 언젠가 불교를 한 문장으로 설명해달라는 요청을 받았다. 청중은 웃음을 터뜨렸다. 2,500년 역사의 종교적 전통을 어떻게 단 몇 마디로 요약할 수 있겠는가? 하지만 스즈키 순류는 당황하지 않았다. "모든 것은 변한다." 그는 조금도 머뭇거리지 않고 이렇게 답한 후에 다음 질문으로 넘어갔다.

변화는 삶의 근본적인 전제다. 죽은 화초와 살아 있는 화초가 다른 점은 1가지다. 죽은 화초는 더 이상 성장하지 않는다는 것이다. 우리는 계속 성장해야 한다. 자라지 않으면 시들어버린다. 무엇이 더 좋은지 알고 있다면 변화를 진심으로 받아들일 텐데 안타깝게도 우리는 그걸 몰라서 변화에 저항한다.

우리는 삶의 좋은 부분들을 지키고, 지속하기 위해 노력한다. 심지어 썩 좋지 않고, 만족스럽지 않은 구석까지도 꼭 붙잡고 놓지 않으려고 한다. 미지의 세계가 주는 불확실성을 감수하느니 확신을 주는 나쁜 상황을 유지하려 든다. 불교에서는 이를 '집착'이라 부른다. 심리학에서는 '손실 회피성'이라고 하는데, 같은 값인데도 얻은 것보다 잃은 것을 곱절로 느끼는 경향을 말한다.

상실은 우리 커리어에 어울리지 않는 말처럼 보일지도 모르겠다. 하지만 여기서는 적절하게 들어맞는다. '성공의 카르마'를 추구하다 보면 많은 것을 잃어버리고, 또 많은 것이 변하게 된다. 이제부터 우리는 낡은 면모들을 잃게 될 것이다. 나 자신을 옭아매는 낡은 신념에 작별을 고할 것이다. 충분한 자격이 있는데도 원하는 모습의 사람이 되지 못하게 방해했던 모든 것을 떨쳐버릴 것이다.

현명한 선승에게 가르침을 받고자 했던 어느 부유한 세력가에 관한 이야기가 있다. 자신이 바라는 것을 얻는 데 익숙했던 그 남자는 확신에 차서 선승에게 갔다.

"오늘 제가 왔으니, 스님이 선에 대해 가르쳐 주시지요. 깨달음을 얻도록 제 마음을 열어주십시오." 그가 이렇게 말하자 선승이 대답했다.

"차를 마시며 이야기해보지요."

선승이 차를 따르기 시작했는데 도통 멈추지 않았다. 잔이 넘치는데도 계속해서 차를 따랐다. 따르고 또 따르고, 계속 따르다가 급기야 차가 탁자에서 흘러내려 남자의 옷에 떨어지는데도 멈추지 않았다. 남자가 소리쳤다.

"됐습니다! 잔이 가득 찬 것이 보이지 않습니까?"

마침내 선승은 주전자를 내려놓고 손님을 향해 빙그레 웃었다.

"당신은 이 찻잔과 같습니다. 너무 가득 차서 아무것도 더할 수가 없지요. 잔이 비면 그때 다시 오십시오. 빈 마음으로 돌아오세요."

이 이야기는 내가 어떤 의뢰인과 함께 일할지 선택할 때 귀감이 된다. 나는 차를 들이붓지는 않지만, 의뢰인이 백지상태에서 새롭게 시작할 수 있는지 알아보기를 원한다. 의뢰인과 내가 서로를 탐색하는 동안, 나는 의뢰인에게 어떤 업적을 이루었거나 성공을 거두었는지 묻지 않는다. 그런 것들은 중요하지 않다. 내가 신경 쓰는 문제는 딱 1가지다. 변화할 준비가 되어 있냐는 것이다. 그 점이 의뢰인의 진정한 성공 여부를 가르는 유일한 요소다.

여기서 독자인 당신과 저자인 내가 맺는 약속에도 같은 방법이 적용된다. 우리가 이 작업을 더 진행하기 전에 당신 스스로 질문해보기를 바란다. "나는 변화할 준비가 되어 있는가?"

'예'라고 대답하자. 선선하게, 그리고 단호하게. 잊지 말자. 우리는 바로 지금, 자신도 모르는 사이에 실제로 변화하고 있다. 이 문장을 읽고 있는 동안에도 머리카락이 자라고, 뇌가 적응하고, 피부가 떨어져 나간다. 우리 몸의 모든 세포는 생사의 순환을 거치고 있다. 백혈구는 1년 동안 살지만, 적혈구는 4개월 만에 사라진다. 7년 후에는 우리 몸의 모든 세포가 바뀌어 사실상 새로운 몸이 된다. 기억을 얻는가 하면 잃기도 하고, 선호하는 것도 바뀐다. 어떠어떠한 사람은 절대로 되지 않겠다고 맹세하지만, 그런 사람으로 변하기도 한다. 확실한 안정을 위해 아무리 애를 써도 우리는 여전히 변화한다. 상상해보라. 변화를 거부하지 않고 기꺼이 받아들인다면, 우리는 어디에 있게 될까?

뱀은 일생에서 10분의 1 이상을 격렬한 변화를 겪으며 보내는데, 이를 탈피라고 한다. 탈피하는 동안 뱀은 한동안 앞을 보지 못하고, 단단한 표면에 몸을 문지르면서 고통을 견디며 묵은 피부를 벗겨내려고 노력한다. 이 기간에 뱀은 잔뜩 화가 나고 연약해져서 몸을 숨긴 채 먹이도 먹지 않는다. 이 모든 과정은 극도로 고통스럽지만, 뱀이 탈피를 거부하는 사례는 결코 찾아볼 수 없다. 이유는 간단하다. 대안이 없기 때문이다. 뱀은 허물을 벗고, 새는 철 따라 이동하고, 풀은 자란다. 이 모든 일이 얼마나 자연스럽게 이루어지는지에 주목해보자. 풀은 '애써' 자라려고 하지 않는다. 뱀은 '억지로' 허물을 벗으려고 하지 않는다. 우리도 마찬가지다. 손실 회피성은 잊어버리자. 집착은 놓아버리자. 자신의 길을 스스로 가로막지 말고 이미 일어나는 일이 그대로 일어나도록 두자. 그렇게 해도 충분히 괜찮다.

우리는 직감에 이끌려 여기에 왔다. 이제 다른 무언가를 할 준비가 되어 있기 때문이다. 우리 내면에 잠재한 천재성은 우리가 가장 나은 자신, 최고의 자신으로 진화하기를 바란다. 당신은 드디어 잔을 비울 순간에 이르렀다. 첫 번째 기회가 바로 여기에 있으니, 단지 첫 번째 성공을 받아들이기만 하면 된다.

이 책의 가르침을 따라서 가다 보면 문득 변화한다는 생각이 버겁게 느껴질 때도 있을 것이다. 그럴 때면 언제든 자라나는 풀과 뜨고 지는 해, 바닷가에 철썩이는 파도를 떠올려보자. 그리고 우리는 태어날 때부터 변화할 준비가 되어 있다는 사실을 잊지 말자. 변화는 그저 우리가 가진 진정한 본성의 한 부분일 뿐이다. 우리는 이미 변화하고 있다.

2장 # 진정한 내가 될 수 있다

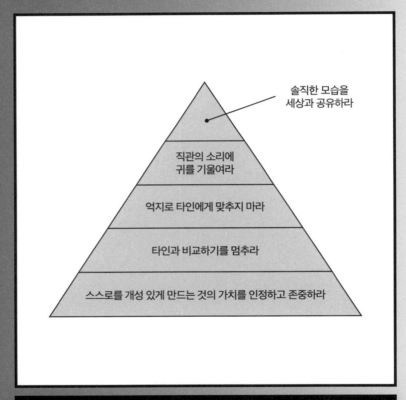

솔직한 모습을
세상과 공유하라

직관의 소리에
귀를 기울여라

억지로 타인에게 맞추지 마라

타인과 비교하기를 멈추라

스스로를 개성 있게 만드는 것의 가치를 인정하고 존중하라

표3 진정한 내가 되는 방법

오랫동안 나는 내 진짜 모습이 알려지면 사람들이 외면할까 봐 두려워했다.
하지만 나 자신을 진정으로 받아들이는 것이 무엇인지 이해하게 된 이후로
모든 것이 변했다.

내가 행복하다는 착각

지금의 내가 CEO들에게 조언하는 일을 하고, 성공의 카르마를 바탕으로 진정한 성공 전략을 공부하고 있다고 말한다면 어린 시절의 나를 알았던 사람들은 아마 웃음을 터뜨릴 것이다. 그동안 여러 곳에서 일했지만, 그중에 성공적이라고 여길 만한 곳은 아무 데도 없었다. 나는 서른이 될 때까지 카르마나 직관이라는 개념에 대해 알지 못했고, 내가 어떤 사람인지에 대한 확신도 없었다. 나는 내 모든 문제의 근원이 가난이라고 생각했다.

어린 시절, 전기 요금을 낼 수 없어서 집에 불을 켜지 못하고 지냈던 날들이 있었다. 선생님에게 준비물이 없어서 과학 과제를 완성할 수 없었다고 말하는 게 창피했던 기억도 난다. 돈과 관련된 문제와 혼란은 나이가 들면서 점점 나빠지기만 할 뿐이었다. 10대 시절에는 우리를 먹이고 돌보는 것은 엄마가 할 일이라고 소리를 지르곤 했다. 열다섯 살, 하루는 그런 싸움이 있고 난 후, 엄마가 최종 결정을 내렸다. 다음 날, 나는 이모와 이모부 댁으로 보내졌고 그곳에서 살게 되었다. 새로 전학 간 고등학교에서 나는 친구들에게 부모님과 함께 산다고 거짓말을 했다. 그때 당시 나는 스스로를 망가지고 결함이 있는 사람이라고 확신했다. 내 어머니와 아버지 둘 다 나를 원하지 않는다는 결론을 내렸고, 그렇게 된 것은 내 탓이라고 믿으면서 부끄러움을 느꼈다. 자기 파괴적인 시간이었다. 학교생활은 제법 잘 해냈지만, 수업에 빠지고 주차장에서 맥주를 마시거나 백화점에서 물건을 훔쳤고, 나를 곤경에 빠뜨리는 사람들을 짝사랑했다. 내가 어울려 노는 곳에는 좋은 기운이 하나도 없었다. 대학에 입학할 무렵의 나는 냉소적이며 지칠 대로 지친 사람이 되어 있었다. 자본주의만이 나를 구원해줄 유일한 길이라고 생각했다.

내 머릿속에서 가난과 혼란은 하나로 엮여 있어서, 나는 유년 시절의 혼란을 겪지 않을 만큼 큰돈을 벌어야겠다고 다짐했다. 스물셋에 뉴욕으로 간 나는 칵테일을 나르는 웨이트리스로 일하면서 사무직 일자리를 구했다. 주립대학에서 인문학 전공으로 평범한 학점을 받았고, 아무런 인맥도 없이 대불황에 빠진 최악의 시기에 일자리를 찾고 있었다. 그래서 목적이나 성취감, 심지어는 개인적 관심까지도 생각하지 않은 채 이런저런 자리를 폭넓게 알아보았다. 나는 처음으로 제안이 온 자리를 수락했고, 그 일을 밀고 나가면서 경력으로 만들었다. 그리고 그렇게 순전히 닥치는 대로 받아들인 덕분에 10년이라는 시간을 기술 업계에 바치게되었다.

그로부터 5년 후, 내 삶은 겉보기에는 문제없이 잘 굴러가고 있었다. 나는 저소득층 주택 단지, 텅 빈 냉장고와 함께한 어린 시절에서 멀리 떨어져 있었다. 나는 빠르게 성장하는 신생기업의 인사담당자였고, 재능 있는 영화제작자와 결혼했다. 마침내 부채에서 벗어나 재정적으로도 편안해졌다. 하지만 나는 여전히 행복하지 않았고 남편도 마찬가지였다. 우리는 첫 데이트 이후 3개월 만에 약혼했고, 엔도르핀이 솟구치는 신혼기는 지나버린 지 오래였다. 우리는 매 순간 불안하고 초조했으며, 커리어에 대한 고민도 깊어져 많은 혼란 속에 있었다.

결국 우리는 저축한 돈으로 살던 곳을 떠나 1년간 안식년을 갖기로 했다. 우리의 꿈은 함께 영화를 만들고 책을 공동 집필하는 것이었다. 이 여행이 우리의 커리어를 급부상시킬 뿐 아니라 우리 관계를 더 가깝게 만들어줄 것으로 생각했다.

여행이 중반에 접어들었을 무렵, 우리는 현실을 마주했다. 1개월 동안 떨어져 지내는 것이 도움이 될지도 모른다고 생각했다. 남편은 태국으로 갔고 나는 요가 강사 훈련을 받기 위해 인도로 떠났다. 그곳에서 아일랜드 출신의 치유자를 만났고 마침내 직관을 믿기 시작했다. 1개월 과정의 훈련 프로그램은 만만찮은 일이었다. 나는 그 어느 때보다 빠른 속도로 배웠다. 신체적인 요가 실습 5시간과 찬팅Chanting, 기도 2시간으로 하루하루가 채워졌다.

식사와 휴식 시간에는 같은 수업을 듣는 동료들과 이야기하고, 각자의 세계를 나누며 친분을 쌓았다. 아쉬람에 머무는 사람들에게는 공통점이 있었다. 그들은 하나같이 인생의 중대한 위기에 처해 있었다. 그 반에 있는 사람들의 절반은 이제 막 인간관계를 정리했고, 나머지 절반은 이직을 준비 중이었다. 나는 양쪽에 조금씩 발을 걸치고 있었다. 너무나도 낯선 사람들, 내 머릿속에 어렴풋이 떠오르는 비밀스러운 이야기. 회사 동기, 절친한 친구와도 나누지 않았던 생각들에 대해 터놓고 자유롭게 이야기하고, 공감하며 서로 연민을 느끼는 것은 해방감을 주는 경험이었다.

아쉬람에서는 내가 누구인지 아무도 알지 못했다. 반항적인 10대의 나, 기업의 인사담당자인 나, 만난 지 3개월 된 남자와 약혼한 나는 아무도 알지 못했다. 사회적 기대와 관습에서 벗어날 수 있었고, 평생 해왔듯이 누구인지 숨길 필요도 없었다. 나 자신이 될 수 있었을 뿐 아니라, 마음껏 더 깊이 들어가 내가 진정 누구인지 물어볼 수 있었다.

나는 언제나 이런 걸 느꼈던 것 같다. 하지만 휴식이 필요하다는 사실을 인정하지 않고, 게으름 탓으로 돌리며 더 열심히 일하도록 스스로를 몰아붙였다. 아쉬람은 나의 이러한 면을 결점이 아니라 장점으로써 움직이게 도와주었다. 나의 본 모습으로 살아도 괜찮다고, 내성적인 사람이 되어도 괜찮다고 허락받은 기분이었다.

연이어 나는 점성술에도 강렬한 매력을 느꼈다. 여행을 시작한 지 2주 후, 나는 다람살라Dharamsala*의 탁월한 베다 점성술가Vedic astrol-oger**를 만나러 가쁜 숨을 몰아쉬며 언덕을 올랐다. 그전까지 내가 경험

---

*   인도 북서부의 소도시
**   인도 전통 점성술가

한 점성술이라면 인터넷이나 잡지 뒤표지에서 이달의 별자리 운세를 읽은 것이 고작이었다. 당시에는 몰랐지만, 이 경험을 계기로 나는 여러 해에 걸쳐 점성술에 깊이 빠져들게 되었다. 이는 나에게 또 다시 새로운 길을 알려주었다.

> **성공 연습 ②** 나는 진정한 나 자신이 될 수 있다. 진정한 내가 삶의 길잡이가 되게 한다.

내가 될 수 있는 건 나뿐이다

점성술가에게 내 운명을 물어보았을 때, 그는 "혼자가 되어야 합니다. 다른 사람과 함께 만드는 것은 모두 실패할 것입니다. 남편과 함께 하는 것도 마찬가지입니다."라고 말했다.

점성술가는 어떻게 내가 남편과 함께 영화와 책을 준비하고 있다는 것을 알았을까? 나는 우리 부부의 생활에 대해서는 아무것도 말한 적이 없었다. 나는 밖으로 나와 혼란에 휩싸인 채 조용히 앉아 있었다. 점성술가의 말을 어떻게 이해하고, 느껴야 할지 도무지 감을 잡을 수 없었다. 나는 여전히 나 자신을 알아가고 받아들이기 시작하는 단계에 있었기에 그가 한 말의 의미를 이해할 수 없었다.

자기 자신에 대해 잘 아는 사람의 특징을 이야기해보자. 내 친구인 킴 팸은 자기 자신에 대해 잘 알고 있는 사람이다. 킴은 베트남 난민의 딸이며, 유색인종 공동체에 기쁨과 자유를 가져오는 것을 직업적 목표로 삼았다. 그녀는 자매인 버네사와 함께 식품회사 '옴솜Omsom'을 운영 중인데, 아시아의 다채로운 풍미를 되찾고 세상에 알리는 것을 메인 프로젝트로 삼았다. 킴이 벤처캐피털 기업에서 일했던 덕분에, 자매는 창업을 처음 해보는 사람들에 비해 많은 것을 알고 있었다. 그럼에도 회사를 시작하는 것은 쉽지 않았다. 멈추지 않고 일했지만, 투자자를 구할 수 없으니 낭패스러운 일이었다. 결국 그들은 사회운동 분위기를 풍기는 회사의 메시지를 숨기고, 투자금 유치 설명회에 온 백인 남성들에게 알려야 할 것을 제대로 발표해 설득했다. 아시아계 미국인들을 중심으로 하는 자신들의 회사가 투자자들에게 매력적으로 보이지 않을 거라는 걱정에 그들은 옴솜을 모든 사람을 위한 브랜드로 설명했다.

연이어 퇴짜를 맞던 끝에, 버네사는 지금이 바로 변화가 필요한 시기라고 판단했다. "어차피 거절당한다면, 우리가 세우고 싶은 회사를 발표해보고 거절당하는 편이 낫겠어." 그들은 아시아계 미국인이 만들고, 아시아계 미국인을 위해 큰 목소리를 내는 자랑스러운 브랜드, 옴솜의 비전을 내세워 다시 도전했고, 마침내 투자 유치에 성공했다. 사업을 시작하고 2년 동안 옴솜은 헌신적인 고객 기반을 찾았고, 디즈니를 비롯한 여러 기업과 제휴를 맺었으며 〈뉴욕타임스〉, CNN 등 언론에도 소개되었다. 옴솜이 성장하면서 킴은 그녀의 외적 모습을 교정해야 한다는 압박을 점점 강하게 받았지만, 그녀는 진정성에 전념하면서 온전히 융화된 삶을 살고 있다.

옴솜이 성공을 거둔 것은 킴이 100% 그녀 자신이었던 덕분이다. 그녀 자신임에도 불구하고 성공한 것이 아니다. 사람 킴 팸, 창업자 킴 팸은 모두 대담하고 용감하며 자신의 모습을 자랑스러워한다. 세상은 그런 그녀를 주목할 수밖에 없다. 킴의 진정성과 그 진정성이 낳은 성공은 옴솜을 극찬한 〈월스트리트저널〉에 완벽하게 담겨 있다. 여기에서 킴은 양갈래로 쪽을 지어 올린 머리에 목을 죄는 가죽 목걸이를 한 채 평소처럼 당당한 모습을 드러내고 있다.

당신의 가죽 목걸이는 무엇인가? 즉, 진지하게 대우받거나 존중받기 위해 혹은 소속되기 위해 세상에 숨겨야 한다는 압박을 느끼는 것은 무엇인가? 내 경우에는 점성술을 비롯한 영적인 것에 대한 애정이다. 나는 일을 하는 동안 대부분, 영적인 관습을 실천한다는 것을 사람들이 알면 사업가로서 나를 결코 존중해주지 않을 것이라고 확신하고 있었다. 내가 일했던 세계에서는 숫자와 스프레드시트가 곧 교리였다. 그런데 어떻게 타로나 풍수, 레이키 같은 과학적으로 설명하기 어려운 힘을 믿는다고 인정할 수 있겠는가?

우리는 누구나 자신의 일부이지만, 성공과 어울리지 않기 때문에 덮어버리는 '무언가'를 가지고 있다. 우리는 '무언가'를 숨기는 것이 승산을 높이는 데 도움이 된다고 생각하지만, 실제로는 그 반대다. 나를 나이게끔 하는 것을 숨기면, 나를 빛나게 하는 탁월함 역시 묻힌다. 내 삶으로 들어오는 진정한 성공을 막는 셈이다.

다른 사람들이 어떻게 생각할지 걱정하기를 멈추고, 그 에너지를 나 자신이 되는 것에 쏟는다면 우리는 나 자신이 원하는 대로 성공할 수 있을 것이다.

내가 안정을 찾지 못했던 그 시기, 인도에 갔던 해에 나는 일본의 도시 벳푸에도 갔다. 벳푸는 동쪽의 만과 화산이 있는 산지 사이에 자리한 작은 도시다. 벳푸의 생동감 넘치는 지형은 마치 마법처럼 단 $77km^2$ 면적에 2,000여 개의 온천을 만들어 놓았다. 치유 효과가 있는 물에서 의식을 치르듯 하는 목욕은 스트레스로 가득 찬 내 몸이 갈망하던 것이었다.

하루는 느닷없이 과거의 직장 상사가 전화를 걸어왔다. 그녀는 내가 마침 일본에 있으니, 그 회사의 도쿄 지부 인력을 꾸리면 어떻겠냐고 제안했다. 나는 제안에 응했고, 유한책임회사를 설립하여 내가 만든 최초의 컨설팅 제안서를 보냈다. 그것이 신생 기술 스타트업을 자문해주는 컨설턴트로 독립해 일하게 된 출발점이었다. 거기서 나는 클라이언트가 홍콩과 브라질에서 인력을 채용하는 것을 도왔고, 미국으로 돌아올 무렵에는 유망한 기술 기업들을 컨설팅하고, 인사·인재 채용 전문가로 사업을 시작했다.

나는 다람살라에서 들은 말을 떠올리지 않을 수 없다. "혼자가 되어야 합니다. 다른 사람과 함께 만드는 것은 모두 실패할 것입니다." 그가 옳았다. 나는 남편의 꿈 뒤에 숨기를 멈추고 나 자신의 꿈이 무엇인지 찾아야 했다. 친구들과 가족들은 그 여행을 나의 커리어를 망치는 어리석은 단절로 생각했지만, 결과적으로는 커리어에 가장 도움이 되는 일이었다. 남편과 함께 만들려던 영화와 책은 잘되지 않았고, 우리 관계도 마찬가지였다. 한쪽 의견만을 고집하는 참혹한 시간이었지만, 그 과정에서 실망하며 인도와 일본, 뉴욕 사이 어딘가에서 진정한 나를 찾았다.

그것은 내 길을 찾기 위해 거쳐야 했던 독특하고 굴곡진 경로였다. 당신이 가는 길 역시 각자에게는 똑같이 특별하다. 우리는 무수한 경우의 수 중에서 하나인 사람으로, 이 세상에 존재했던 다른 누구와도 같지 않다. 이 세상에서 나의 사명은 오직 나에게만 있고, 다행히도 그 사명을 밝히기 위해 해야 할 일은 단지 자기 자신이 되는 것이다. 이 책의 후반부에 있는 성공 전략들을 살펴보면서 늘 명심해야 할 건 우리가 오직 자신만을 위한 유일한 길을 개척하고 있다는 점이다.

3장 # 행복은 바로 여기에 있다

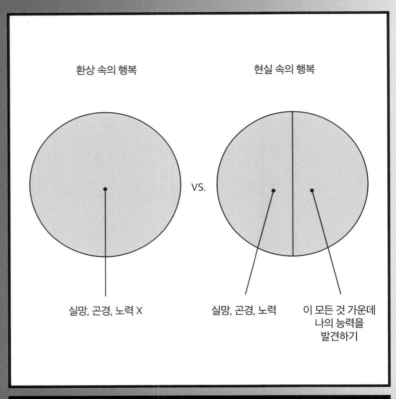

표4 행복을 찾는 법

행복해지기 위해 아무 문제가 없는 삶을 기다린다면,
절대로 오지 않을 날을 기다리는 것이다.
행복은 어떤 상황에서든 바로 지금 여기에 있다.

・ ・ ・ ・

천천히 갈수록 오히려 빨리 도착한다

우리 시대의 가장 뛰어난 석학으로 꼽히는 아인슈타인은 일에 기쁨을 불어넣는다는 면에서 나의 멘토다. 우선 그는 잠을 하루에 10시간씩 잤다. 나는 내가 늦잠 자서 죄책감을 느낄 때 이 사실을 떠올리곤 한다. "아인슈타인도 그랬잖아. 나도 천재가 분명하다고!" 10시간의 수면 외에도 그는 날마다 낮잠을 잤다. 불행히도 우리 사회는 수면을 생산성을 저해하는 요소로 취급하지만, 아인슈타인에게는 더없이 획기적이고 혁신적인 발상으로 다가가는 방식이었다. 그는 안락의자에 편안히 앉아서 손에는 숟가락을 쥐고 아래에는 금속 접시를 받친 채 낮잠 잘 채비를 했을 것이다. 가장 어려웠던 문제에 대해 생각하면서 잠들기 시작하고, 잠에 빠져들기가 무섭게 손에 쥐었던 숟가락을 떨어뜨렸을 것이다. 그리고 잠자는 뇌가 찾아낸 해결책을 잊지 않고, 기억하기에 딱 적절한 시간에 잠에서 깨어났을 것이다. "문제를 만들어 냈을 때 했던 생각과 똑같은 생각으로는 그 문제를 해결할 수 없다." 아인슈타인은 이렇게 말했다. 그는 소에 관한 꿈을 꾸면서 상대성 이론을 떠올렸다. 그렇다, 소다. 아인슈타인은 연구하고 열심히 노력하는 것도 중요하지만, 이런 내면세계의 즐거운 여정이 없이는 아무것도 아니라는 사실을 알았다. 그는 즐거움을 통해 성공의 카르마를 만들어 냈다.

> **성공 연습 ③** 나는 행복해질 수 있다. 즐거움은 두려움보다 더 좋은 결
> 과를 만든다.

긴 밤잠과 5분간의 낮잠은 내면의 천재성과 닿아 있는 강력한 도구다. 매일 신선한 공기를 마시며 산책하거나 재미를 위해 악기를 연주하는 건 아인슈타인이 내면의 천재성과 접촉하기 위해 사용한 도구이기도 하다. 그에게 답이란 더 열심히 일한다고 해서 찾아지는 것이 아니었다. 답은 오직 그가 한발 물러나서 손을 놓고 즐길 수 있을 때만 비로소 모습을 드러냈다.

우리도 마찬가지다. 기계적 일에서 오는 무겁고 삐걱거리는 감정을 내보내고 직관적 일에서 느끼는 가볍고 들뜬 감정을 받아들일수록 우리 내면의 천재성과 더 가깝게 닿을 수 있다. 길을 잃고 혼란스러운 기분에 빠져 있거나, 한창 어려움을 겪는 의뢰인들에게 내가 해줄 수 있는 최고의 조언은 느슨하고 편안하게 가는 길이 모든 해결책에 다가서는 가장

빠른 경로라는 사실을 전하는 것이다.

물론 즐거움을 찾는 것이 손가락을 튕기듯 쉬운 일은 아니다. 경제적으로 불평등하고, 차별이 만연하며 환경적으로 불확실한 우리 현실에서는 특히 쉽지 않다. 현실에는 한탄할 일이 많고 그렇기에 우리는 언제나 주머니 안에 행복을 넣고 살아야 한다. 시인이자, 작가인 로스 게이Ross Gay는 이렇게 말했다. "나는 고통 한가운데서 즐거움을 느낄 수 있다는 걸 당혹스럽게 여기지 않는다." 그는 이런 경험을 '성숙한 기쁨'이라고 명명했으며, 이는 삶의 슬픈 측면과 행복한 측면을 모두 동등하게 수용하는 행위다. 그 둘은 공존한다.

행복은 고난과 역경이 없는 상태가 아니라, 오히려 그런 상태에서도 즐거움을 찾는 능력이다. 물론 우리는 자기 자신을 비롯한 다른 사람들이 겪는 고통을 외면해서는 안 된다. 하지만 삶이 완벽해지고, 문제가 없어지기를 마냥 기다리면서 우리 자신에게 즐거움을 누릴 권리를 허락하지 않을 수는 없다. 나는 '성숙한 즐거움'을 찾기 위해 고군분투하거나 영감이 필요할 때마다, 달라이 라마를 떠올린다. 그는 수십 년 이어진 전쟁과 이주, 고통에 시달려온 사람들의 정신적인 지도자이면서도 그에 굴하지 않고, 어마어마한 고난과 즐거움을 동시에 수용하는 사람이다.

달라이 라마는 늘 웃는다. 그는 세계의 지도자들에게 조언하며 웃음 짓는다. 그는 매우 진지한 청중들에게 영적인 이야기를 하면서도 유쾌하고, 보편적 자각과 같은 복잡한 주제에 관해 설명하면서도 웃는다. 우울하고 즐거움을 찾기 어려운 날이면 나는 가장 먼저 달라이 라마가 겪은 모든 일을 떠올려보고, 다음에는 그가 웃는 모습을 편집한 영상을 찾아본다. 그의 눈가에 주름이 잡히는 것을 보고, 그 자유로운 웃음소리를 듣다 보면 언제나 진정한 성공의 본질은 즐거움이라는 생각이 든다.

여키스-도슨 법칙: 너무 진지해지지 마라

《달라이 라마, 나는 미소를 전합니다》에서 달라이 라마는 고난이 닥쳤을 때도 웃음을 잃지 않는 법에 대해 이렇게 썼다. "어떻게 웃을 힘이 남아 있냐고 사람들이 물어보면, 나는 웃음 전문가라고 답합니다." 우리도 웃음 전문가가 될 수 있을까? 슬픔과 함께하면서도 농담과 편안함, 가벼움과 닿을 수 있을까?

중요한 물건을 배달하기 위해 구불구불한 길을 운전하는 중이라고 상상해보자. 우리는 이마를 찌푸리고 운전대를 꽉 붙잡은 채 그 여정에 아주 진지하게 임할 수도 있다. 아니면 같은 길을 가면서도 창문을 내리고 오디오에서 나오는 애창곡을 따라부를 수도 있다. 근심스럽게 혹은 즐겁게, 어느 쪽을 선택하든 우리는 그곳에 도착할 것이다.

하지만 두 번째 방법이 훨씬 즐거울 뿐만 아니라, 더 효과적이기도 한 방법이다. 여키스-도슨 법칙Yerkes-Dodson law이 있다. 무엇이 되었든 너무 진지하게 받아들이고 시도하면 불리해지고 만다는 법칙이다. 물론 의욕을 불러일으킬 정도의 건강한 긴장감은 필요하지만, 심리학자들은 불안과 피로를 느끼고 탈진할 정도로 '고통의 영역'에 들어서면 생각하고, 창조하고 문제를 해결하는 능력은 현저히 떨어진다고 말한다.

올림픽 금메달을 4번이나 거머쥔 체조선수, 시몬 바일스Simon Billes는 2020년 도쿄 올림픽의 가장 강력한 우승 후보였지만 경기에서 기권했다. 사랑하는 동료들과 함께 기자들 앞에 선 그녀는 자신이 내린 결정을 차분히 이야기했다.

"저는 예전만큼 자신을 믿지 못하겠어요. 전처럼 즐기지도 않는 것 같아요. 이번 올림픽은 저 자신을 위한 경기가 되길 바랐어요. 그런데 여전히 다른 사람을 위해 하는 기분이었어요. 제가 좋아하는 일을 다른 사람을 기쁘게 하는 데 빼앗긴 것 같아서 마음이 아파요."

가만 생각해보자. 당신도 삶에서 가장 즐거운 부분이었지만, 그 즐거움을 빼앗겨버린 적이 있을 것이다. 누군가에게는 인생이 즐거운 모험이 아니라 끝나지 않는, 해야 할 일의 목록처럼 느껴진다. 그렇게 우리는 진지하고, 재미없는 태도를 꾸준히 취한다. 놀라운 사실 하나를 예로 들어보자. 어린이는 하루에 약 150회 웃지만, 성인이 웃는 횟수는 20회 미만이다.

오늘 당신은 몇 번이나 웃었을까? 배가 아프도록 웃어본 게 언제였나? 언제부터 존재 자체가 따분한 일처럼 느껴지기 시작했을까? 산스크리트어로 릴라lila는 '신의 놀이'라는 뜻이며, 현실의 진정한 본질을 설명할 때 쓰이는 말이다. 힌두교에서 세상 만물은 자연적이고 쾌활한 에너지에서 나온다고 주장한다. 나는 어려움을 겪는 의뢰인에게 조언할 때마다 이것을 떠올린다. 스트레스가 가득한 곳에서 그들을 만나, 그들의 부정적인 기분을 심화하는 대신, 현실의 중심에는 놀이가 있다는 것을 상기한다. 그들이 쾌활한 기분으로, 여키스-도슨 법칙에서 말하는 '고통의 영역'에서 빠져나와 더욱 명확하게 해결책을 바라볼 수 있는 흐름으로 들어가도록 이끈다.

의뢰인들이 직면하는 어려움은 너무 뜻밖이거나, 우스꽝스러운 경우도 많아서 조금 거리를 두고 보면 꽤 재미있다. 그래서 나는 그 상황에서 그들이 유머를 알아볼 수 있도록 돕는다. 우리도 달라이 라마처럼 웃을 수 있다. 그곳에서 한 가닥 희망이나 교훈적인 순간이 있는지 찾아볼 수 있다. 좌절과 후회, 죄책감 등에서 방향을 돌려 현재의 가능성을 보고, 감사하는 마음을 품을 수 있다. 아인슈타인은 문제를 만들어 냈던 것과는 다른 방식으로 사고할 때 문제를 해결할 수 있다고 말했다.

성공의 카르마를 만나기 위해서 우선, 나 자신에게 너그러워야 한다. 이는 당신에게 숙면하고, 낮잠을 자고, 웃음 전문가로 살기를 권하고, 우연한 일로 무거움과 우울함 속에 다시 침잠하더라도 절대로 스스로를 다그치지 말라는 공식적인 제안이다.

우리의 행복과 즐거움은 직관적 일을 가까이 두기 위해 가장 중요한 요소다. 그러니 창문을 내리고 바람을 느끼며 운전해보자. 자신의 행복과 즐거움을 키우는 것이야말로 가장 진지하고 중요한 일임을 잊지 말자.

4장

직관을 따르면 성취가 따른다

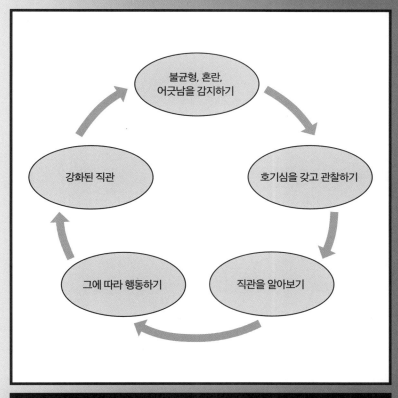

불균형, 혼란,
어긋남을 감지하기

호기심을 갖고 관찰하기

강화된 직관

직관을 알아보기

그에 따라 행동하기

표5 **직관의 힘을 기르기**

직관적인 결정은 논리적 추론을 통해 내리는 결정보다 훨씬 더 효과적이다.
직관은 마치 근육처럼 쓰면 쓸수록 더 강해진다.

● ● ●

실용적인 나 VS. 직관적인 나

안식년을 보낸 후, 2년은 꽤 기복이 심했다. 내 에너지는 대부분 결혼생활의 마지막을 처리하는 데 쓰였고, 남은 에너지는 이제 막 시작한 컨설팅 업무를 돌보는 데 쓰였다. 파괴와 창조가 동시에 일어나는 순간이었다. 이혼 서류에 서명하고 법원의 결과를 기다리던 어느 날, 나는 과거에 만났던 의뢰인에게 흥미로운 제안을 받았다.

의뢰인은 기술 기업의 창업자였는데, 그에게 투자한 벤처캐피털에서 인재들을 모아 팀을 만들고 이끌어갈 사람을 찾고 있었다. 그곳은 주목할 만한 성과를 기록한 소규모의 신생 펀드였다. 공동출자자들은 서른도 되기 전에 성공한, 마법의 손길을 가진 백만장자들이었다. 회사는 투자자와 프로젝트를 관리하고, 수백 개의 스타트업을 도울 전략을 고안해야 하는 업무의 리더를 원하고 있었다. 내 의뢰인은 내가 그의 회사를 위해 해준 업무가, 벤처캐피털이 필요로 하는 업무와 닿아 있다고 생각해 나를 소개해도 되는지 물어본 것이었다. 나는 소개해도 괜찮다고 답했고, 사전 조사를 시작했다.

나는 링크트인에서 벤처캐피털의 직원들을 살펴보며 전 직원이 아이비리그 학위를 가진 엘리트라는 것을 발견했다. 나는 그들과 달랐다. 나는 무명의 회사들을 거쳤고, 지난 2년 동안 프리랜서로 지냈다. 나를 면접자로 고려하는 것조차 어마어마한 행운이라고 느껴졌다. 두 번째 면접까지는 순조롭게 잘 흘러갔다. 하지만 세 번째 면접에서 나는 이 기회가 정말 황금 같은 기회인지 의문을 품고 말았다.

세 번째 면접을 진행한 면접관은 10분 지각했다. 대화하는 내내 휴대전화에서 눈을 떼지 않았고, 이메일과 메시지에 답을 보내기 바빴다. 그는 자동주행하듯이, 마치 나의 커리어는 내가 고용한 직원의 수에 달려 있다는 듯이, 그게 전부라는 듯이 짧은 질문만을 계속 퍼부었다. 그는 내 대답을 듣는 둥 마는 둥 했고, 면접이 끝나자마자 서둘러 자리를 떠났다.

나는 그가 나쁜 사람이라고 생각하지 않는다. 사실, 나는 그 사람이 조금 안쓰럽기도 했다. 그는 매일, 쉬지 않고 열리는 15개의 회의에 참석하며 놀라운 성과를 올리는 사람이었는데, 한편으로는 업무에 시달리느라 에너지를 다 써버린 것처럼 보였다. 그는 일정표를 들여다보며 내 면접은 신경을 덜 써도 되는 업무로 판단했을 것이다. 그에게 나쁜 감정은 없지만, 나는 내면세계에 집중하기로 마음먹으면서 기계적 일의 세계를 의도적으로 떠난 상태였다. 이 면접을 통해 다시 그 세계로 돌아갈 생각을 하니 나는 저절로 움츠러들었다.

집으로 돌아가는 길에 내 안에서 전투가 벌어졌다. '실용적인 나'와 '직관적인 나'의 싸움이었다. 먼저 논리적이고 '실용적인 나'는 이번 기회가 얼마나 소중한지 알았고, 면접도 계속 진행하고 싶었다. '직관적인 나'는 얼마나 대단한 직책을 맡은 기계적 삶에서 벗어나는 게 중요하다는 것, 일과 삶의 일치만큼 중요한 건 없다는 것을 잘 알았다. 2개의 '나'는 계속 엎치락뒤치락했다.

직관적인 나는 면접에서 빠져나와야 한다는 것을 분명히 알았다. 면접을 보면서, 또 면접이 끝난 이후에 느낀 것, 즉 나의 직관이 목격한 것 말고 다른 이유는 필요하지 않았다. 반면 실용적인 나는 이런 기회가 두 번 다시 없을까 봐 두려웠다. 이미 계산도 마쳤다. 실용적인 나는 벤처캐피털에서 일하면 내 이력서는 완전히 바뀔 것이고, 나의 미래도 바뀔 것이라는 걸 알았다. 게다가 '기계적인 일'을 하는 '나'를 따라가면 나는 완전히 다른 부류의 사람들에게 둘러싸이게 될 것이다. '실용적인 나'는 기회를 놓칠까 봐 걱정했고, '직관적인 나'는 기회를 거절하면 그 이면에는 무언가 다른 것, 무언가 더 나은 것이 있으리라 확신했다. 어쩌면 그것은 진정한 성공일지도 몰랐다.

그날 나는 직관적인 나를 선택했고, 공동출자자 중 1명에게 면접에서 빠지겠다는 이메일을 보냈다. 단 몇 문장으로 끝나는 작은 결정이었지만, 그 선택이 내게 상징하는 바는 의미심장했다. 직관을 믿기 전의 나는 무엇이 가장 최선의 결과를 만들어 낼지 결정할 때 항상 계산기를 두

드렸고, 외적으로 좋아 보이는 선택을 했다. 생각해본 적 없던 인사 채용 업무의 세계로 들어서게 된 일, 어린 나이에 결혼을 밀어붙이게 된 일 모두 그런 선택을 했기 때문이었다. 어린 시절, 나는 그 2가지가 그토록 갈망하던 안정감을 얻기 위한 영리한 선택이라고 믿었다. 그것이 진정한 성공이라고 믿었다. 이제는 안다. 그것은 성공이 아니라는 걸.

이제 나는 안정감에 대한 욕구와 부딪치는 결정, 어떤 논리로도 뒷받침할 수 없는 직관적인 결정을 내리고 있었다. 어디서 그런 확신이 왔는지 알 필요도 없었다. 나는 후회 없이 메일을 보냈다. 이제 그 벤처 펀드와의 관계는 끝났다고 생각했다. 나는 내 일을 계속할 테고, 그들은 열정적인 후보들을 계속 마주할 것이었다. 그런데 내가 예상하지 못한 반전이 일어났다. 공동출자자는 내게 재고해달라고 부탁하는 답장을 보냈다. 그는 내가 겪은 일에 대해 사과했고, 내가 맡았으면 하는 직무에 있어서 더 많은 것을 원한다고 분명히 밝혔다. 나는 그의 솔직함과 진정성이 마음에 들어서 면접을 계속하기로 했다.

처음, 직관을 믿고 면접을 중단하겠다는 결정을 내렸을 때는 내가 벤처캐피털에서 일할 기회를 놓치는 것처럼 보였지만, 실제로는 반대의 일이 일어났다. 그 일로 나의 업무가 분명해지면서 공동출자자와 돈독한 관계를 쌓았고 우리 사이에 직접적인 소통의 선례를 남기게 되었다. 두어 달 후, 나는 벤처캐피털의 프로젝트 리더로 일을 시작했고 몇 년 동안 그곳에서 만족스럽게 일했다. 내가 아닌 다른 사람을 위해 가장 길게 일했던 시기였다. 그 자리는 삶의 여정에서 중요한 단계가 되어주었다. 그 일을 하면서 나는 경영자 코칭에 대해 배웠고, 직업적인 자신감을 쌓았으며 평생 지속할 수 있는 관계를 일구었다. 내가 직관을 따르지 않았다면 이런 일은 일어나지 않았을 것이다.

> **성공 연습 ④** 나는 내 직관을 믿을 수 있다. 직관은 진정한 지혜를 준다.

직관을 따라가면, 원하는 성취를 얻는다

상황은 재미있게 흘러간다. 결혼이나, 기술 기업의 인사 채용 업무처럼 실용적인 선택을 할 때 나는 언제나 특정한 목적을 염두에 뒀다. 이를테면 돈이나 안정감, 행복 같은 것이었다.

'내가 X를 하면 Y를 얻을 것이다.' 나는 결과를 신중하게 분석하여 앞으로 펼쳐질 나의 미래에 대해 계산된 내기를 건다고 생각했다. 물론 원하는 결과가 나오지 않을 때마다 쓰라린 실망감을 맛보았다. 마침내 정반대의 전략을 택하고, 논리를 직관으로 맞바꾸었을 때 비로소 나는 내 결정에 만족할 수 있었다. 직관을 따라가면서 나는 어떠한 목표도 설정하지 않고, 필요나 욕구를 채우려고 애쓰지도 않았다. 하지만 어떻게든 그 선택들은 나를 올바른 길로 인도했다.

실용을 근거로 결정하는 일은 통제와 관련된 문제다. 내가 원하는 결과를 얻으려면 어떤 손잡이를 당겨야 하는지 안다고 생각하는 것이다. 진정한 성공은 통제와 정반대로 간다. 진정한 성공은 어떤 일이 일어날지 의식적으로 알 수 없지만, 그것을 알고 내가 미처 인식할 수 없을 정도로 현명한 나의 일부, 직관이 있다는 사실을 인정하는 것이다. 나의 직관이 결정을 내릴 때 유용한 방법일 뿐 아니라, 제한적이고 상상력이 없는 실용적인 나보다 훨씬 더 나를 잘 이끌어줄 수 있다는 것을 인정하고 나면 나의 온전한 세계가 활짝 열리게 된다.

알루아 아서는 직관을 따라야 한다는 것을 배우기까지 약 10년이 걸렸다. 대학 졸업 후, 그녀는 어떤 일을 하고 싶은지 확신이 서지 않았기에 실용적인 선택을 거듭했다. 오래 지나지 않아 그녀는 매우 우울하지만, 누가 보아도 크게 성공한 변호사가 되었다. 알루아는 실용적인 변화를 거듭해 어느 것에도 감동하지 않는 자신의 냉담한 마음을 흔들어보려고 노력했다. 관심 있는 주제의 업무를 하기 위해 분야를 바꿔 영리기업에서 비영리 기업으로 옮겼고, 이후에는 시간제 근무로 바꾸었다. 하지만 이런 해결책들은 그녀의 우울증을 해결해주지 못했다.

알루아는 새로운 방식이 필요했다. 그래서 그녀는 직관을 따르기 시작했다. 명상하고, 스스로에게 질문했고, 직관이 가르쳐주는 지침에 마음을 열었다. 어느 날, 알루아는 도서관에서 '쿠바가 당신을 기다려요'라고 적힌 가방을 든 남자를 보고 깜짝 놀랐다. 그날 아침에, 쿠바에 대해서 생각하고 있었기 때문이다. 더 구체적으로는 10년 전, 뜨거운 이민자 논쟁을 불러일으켰던 엘리안 곤잘레스Elian Gonzalez라는 이름의 소년이 지금은 어디에 있는지 궁금해져서, 그 소년에 관해 조사해보려고 도서관에 온 것이었다. 그 모든 우연의 일치가 알루아에게 필요한 자극이었다. 그녀는 곧장 쿠바행 비행기표를 샀다.

쿠바에 도착하자 직관이 그녀를 인도했다. 낯선 이들의 친절, 과속하는 차, 목숨을 잃을 뻔한 사고. 기이한 우연들이 이어진 후에, 알루아는 버스에서 말기 자궁암을 앓고 있는 여성의 옆자리에 앉게 되었다. 알루아와 그녀의 새 친구는 죽음을 주제로 몇 시간 동안 대화를 나누었다. 그 여성은 자신의 인생을 정리하는 듯한 이 경험을 터놓고 얘기해본 게 처음이었다. 가족이나 친구들 누구에게도 그런 이야기를 한 적이 없었다. 그때 알루아는 자신이 더 이상 변호사가 아님을 깨달았다. 타인이 죽음의 과정을 헤쳐나가도록 돕는 것이야말로 그녀가 이 세상에서 할 일이었다는 걸 직감했다.

사람들은 보통 낯선 이의 가방에 적힌 메시지를 보고 쿠바행 비행기표를 사거나, 버스에서 만난 낯선 사람과 대화를 나눈 후 새로운 직업을 선택하는 게 실용적이지 않고, 논리적이지도 않은 결정이라고 생각할 것이다. 하지만 이런 직관적인 선택을 통해 알루아는 내면의 천재성을 자유롭게 풀어놓을 수 있었고 뜻깊은 일, 알루아만의 성공을 만들어 낼 수 있었다. 오늘날 그녀는 고잉 위드 그레이스Going with Grace를 창업하여 2,000여 명의 죽음 안내자를 교육했고 세상을 떠나는 수천 명을 지원했으며, 죽음에 관한 문화적 담론을 재정의했다.

그녀가 왜 죽음에 몰입하려 하는 건지 사람들은 이해하지 못했다. 하지만 그녀의 직관적인 자아는 이것이 자신의 사명이라는 것을 알았다. 알루아가 이룬 성공의 방향은 우리에게 마법과도 같은 어떤 사실을 보여준다. 바로 우리가 직관을 통해 내리는 결정은 실용적인 생각으로 선택하는 결정보다 훨씬 더 효과적이라는 것이다. 이는 당신에게도 통하는 사실임을 명심하자. 우리가 직관에 귀 기울일 때는 어리석고, 근거도 없는 미성숙한 선택을 하는 것이 아니다. 우리는 인간의 생각으로는 파악할 수 없는 현명한 지혜를 가진 내면의 천재성에 다가가는 것이다.

그러므로 자신을 믿어라. 모든 선택에 데이터가 필요한 것은 아님을 유념하자. 우리는 스스로를 신뢰할 만하다. 무엇을 아는지, 어떻게 아는지 입증하거나 정당화할 필요는 없다. 직관적인 나는 논리보다 훨씬 더 강력하다. 자연스러움, 자유스러움, 직관을 따라가기. 진정한 성공을 만나는 일은 아주 쉬운 일이다.

마지막으로 본능적인 직감이나 즉각적인 깨달음을 느낀 것이 언제인가? 최근에 저절로 자연스럽게 얻어진 통찰이 있는가? 직관에 귀 기울이는 것이 익숙하지 않더라도 괜찮다. 이어지는 장에서 우리는 직관적인 나를 이해하는 데 집중할 것이다. 실용성과 자존심이 내는 목소리에서 직관의 목소리를 구분하여 인식하고 해석하는 방법을 배우게 될 것이다. 곧 스스로를 신뢰하고 자신의 선택을 믿는 데 능숙해져서 삶을 더 잘 헤쳐나갈 수 있게 될 것이다.

카르마의 선물 ① 나의 인생을 타인이 결정하게 하지 마라

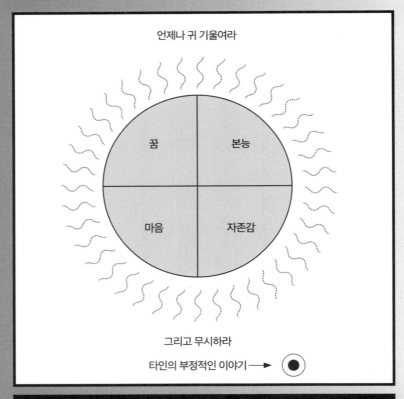

언제나 귀 기울여라

꿈

본능

마음

자존감

그리고 무시하라

타인의 부정적인 이야기 ➡ ●

표6 귀 기울이고, 무시하기

내 인생은 다른 누구보다 내가 더 잘 안다는 것을 잊지 말자.

내면의 천재성에서 어마어마한 에너지를 받아 태양처럼 눈부시게 빛나는 자신의 모습을 상상해보자. 우리가 4가지 성공 연습을 활용하고 스스로 더없이 진실하고 과감하며 생생한 자신이 될 수 있게 하면, 우리는 바로 그런 모습이 된다. 자신이 어떤 사람인지 인정하고, 어떤 변명도 없이 그 존재를 승인하면 진정한 성공으로 가는 초석을 세운 셈이다. 이제 우리는 성공 전략의 1단계인 '내면세계를 탐구하기'를 위해 필요한 것을 갖추었다.

〈성공 연습 4가지〉

성공 연습 ① 나는 변화할 수 있다. 나는 이 변화가 쉽고 자연스럽게 이루어지도록 한다.

성공 연습 ② 나는 진정한 나 자신이 될 수 있다. 진정한 내가 삶의 길잡이가 되게 한다.

성공 연습 ③ 나는 행복해질 수 있다. 즐거움은 두려움보다 더 좋은 결과를 만든다.

성공 연습 ④ 나는 내 직관을 믿을 수 있다. 직관은 진정한 지혜를 준다.

THE KARMA OF SUCCESS

성공 전략 1단계

내면세계를
탐구하기

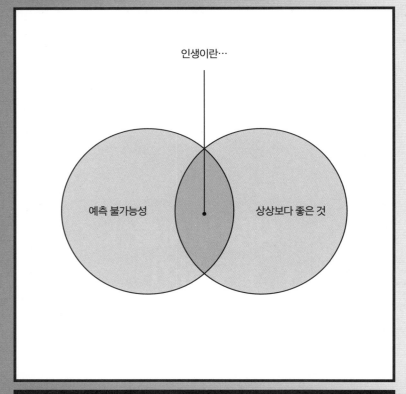

인생이란…

예측 불가능성   상상보다 좋은 것

표7 예측 불가능성의 즐거움

우리는 원하는 대로 계획할 수 있다.
하지만, 그런 노력은 인생이 선사하는 즐거운 예측 불가능성을 바꾸지 못한다.

처음 이 책을 쓰기 시작했을 때 나는 느리지만 꾸준히 원고를 썼다. 하지만 아무리 노력해도 하루하루가 브레이크를 걸어둔 차를 운전하는 기분이었다. 9개월이라는 시간을 들였지만 내보일 것은 아무것도 없었다. 마감일을 6주 남긴 어느 날 밤, 나는 캘리포니아에 있는 친구의 집으로 갔다.

친구의 집에서 보내는 나흘째 밤이었다. 그날도 어김없이 보름달이 떴다. 평소와 다름없이 잠자리에 들었음에도 이리저리 뒤척였다. 나는 내면의 천재성이 나를 깨어 있게 하는 것일지도 모른다는 생각이 들어 마음을 가라앉히고 기꺼이 받아들일 준비를 했다.

나는 몇 분 만에 책의 방향을 바꿀 통찰을 얻었다. 정해둔 제목과 주제를 폐기하고, 몇 달간 써온 글도 모두 버리고 처음부터 다시 시작해야 했다. 내 삶과 커리어에서 나를 여러 차례 구해준 바로 '직관'에 대해 써야 한다는 것을 알았다. 이 책은 직관과 내면세계, 그리고 내면의 천재성과 연계하는 방법을 다루게 될 터였다. 나는 그 후로 몇 시간을 깨어 있으면서 새 책을 위해서 완전히 새로운 구조를 구상했다.

다음 날 아침, 나는 피곤에 찌든 채로 지난밤 내린 결정에 대해 회의적인 마음을 갖기 시작했다. 원래 쓰려던 책은 출판사가 마음에 들어 하는 콘셉트였고, 나는 마감일을 몇 주 앞둔 지금 그 콘셉트를 날려버리고 있었다.

이것은 내면의 천재성이 발휘된 것일까? 아니면 자기 파괴 행위였을까? 단 몇 주 만에 책을 통째로 새로 쓰는 것이 가능하긴 한 걸까? 이 통찰을 믿어야 할지 말아야 할지 방황하던 나는 4가지 성공 연습으로 돌아갔다. 이 연습은 나에게 변화를 요구하고 있을까? 더 진정성 있고, 더 즐겁고, 더 직관적으로 변하라고? 모든 면에서 긍정적인 답이 나왔다. 나의 직관은 내 책이 진화하기를 요구하고 있었고, 이제 그 직관을 신뢰하고 충족시키는 것이 나의 일이었다.

내면의 천재성을 믿기로 한 순간, 내 안에 있던 방해물들이 와르르 무너지면서 나는 순식간에 몰입하기 시작했다. 집수리가 한창인 가운데 나는 가구도 거의 없이, 심지어 인터넷도 없이 조용한 곳이라면 어디서든 일했다. 6주 후, 나는 책을 완성했다. 반년 치 글을 버리고도, 여전히 마감일을 지켰다. 내가 사랑하는 이 책은 내면의 천재성을 믿고 행동한 덕분에 탄생했다.

다음 몇 장에 걸쳐 우리는 성공의 카르마를 만들어 내기 위해 내면의 천재성을 자유롭게 풀어주는 과정으로 깊이 들어갈 것이다. 우리가 알던 것 이상으로 더 빠르게, 더 훌륭하게, 더 풍부한 영감을 가지고 일할 수 있게 해주는 4단계 성공 전략에 대해 배울 것이다.

아마도 당신은 이전에도 빛나는 실존 상태를 느껴본 적이 있을 것이다. 즐거움을 느끼며 일할 때 쏜살같이 지나가는 시간. 어려운 일을 해내는 명석함과 자신감. 자기 불신에 빠지지 않은 최고의 상태일 때의 자기 자신. 바로 이런 천재성의 순간들은 아주 드물게, 그렇지만 반드시 찾아온다.

이 책은 그런 순간들이 일상이 되게 하는 방법을 보여준다. 우리가 탐색할 성공 전략 1단계는 '내면세계를 탐구하기'라고 부르는 것이다. 이 어지는 장에서 우리는 직관에 적합한 여건을 만드는 방법과 직관의 지혜에 귀 기울이는 방법, 직관의 메시지를 일상생활에 구현하는 방법을 배울 예정이다. 그 과정에서 우리는 다른 사람들이 '나'를 어떻게 생각할지에 대한 걱정과 잡음으로 삶을 어지럽히는 대신, 나 자신의 눈부시고 탁월한 내면세계에 집중하게 될 것이다.

5장

고요, 고정, 고독을 실천하라

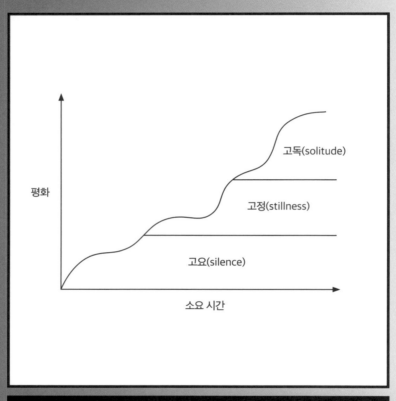

표8 흔들리지 않는 삶을 위한 필수요소

'고요', '고정', '고독'
3가지를 활용해 현대 생활의 스트레스와
혼란 속에서도 흔들리지 않게 하라.

마음속 깊은 곳, '휴식'의 소리를 들어라

모든 메일을 3분 안에 회신하는 동료가 있었다. 늦은 밤에도 마찬가지였다. 나는 그의 행동이 업무에 대한 부담 때문이라고 생각해서 빠른 회신은 중요한 게 아니라고 말했다. 내 말에 그는 이렇게 답했다. "일 때문이 아니야. 그냥 집에 있을 때 뭘 해야 할지 모르겠어. 아무것도 하지 않으면서 그저 앉아만 있을 수는 없잖아."

그는 움직이지 않는 '고정의 상태stillness'를 불편해했다. 그는 그저 가만히 있을 수 없었다. 이 점은 많은 부분에서 그의 삶에 영향을 끼쳤다. 그는 일을 싫어했지만 일을 떠날 수 없었고, 그는 오랫동안 사귄 여자친구를 사랑했지만 두 사람의 미래를 그릴 수 없었다. 또 언제나 해외에서 살고 싶어 했지만, 다른 나라를 탐험해본 적은 한 번도 없었다. 매우 명민하고 외적으로 성공한 이 사람은 자신의 실존적인 문제를 그저 바쁘게 지내는 것으로 덮어버렸다. 하루하루를 바쁘게 보내는 동안에는 마음속으로 쳐들어오는 의문들을 모두 막을 수 있었다. 그런데도 그는 고통스러웠다.

'고요silence, 고정stillness, 고독solitude' 없이는 그에게 필요한 답을 구할 방법이 없었다. 삶에서 잡음이 커지면 직관의 소리를 들을 수 없다.

무예에서는 마음이 물과 같다고 한다. 평화롭고 고요하며 맑고 차분하다. 하지만 생각이 정신없이 돌아갈 때, 당황하거나 혼란스러울 때, 강박적으로 메일을 확인할 때 마음은 혼탁해지고 거친 물결이 일게 된다. 동요가 너무 심해서 내면의 지혜에 닿을 길이 없어진다. 오늘 우리의 마음은 어떤가? 수정처럼 맑은 연못인가? 아니면 혼탁하게 오염된 곳인가? 차분하고 조용한가? 직관이 자리할 만한 장소인가?

고요, 고정, 고독은 '직관적인 나'가 사는 집이다. 3가지 요소는 직관만 돕는 것이 아니라, 우리의 전반적인 안녕에도 결정적인 역할을 한다. 고요 속에 단 2분만 있어도 전신이 이완된다. 혈압은 내려가고 뇌에는 더 많은 혈액이 공급된다. 창의력과 집중력 역시 고요 속에서 증가한다. 3가지 요소는 우리를 더 똑똑하게 만들 수도 있다. 2013년, 쥐의 뇌에 다양한 소리가 미치는 영향을 시험하기 위해 실시한 연구에서 하루에 2시간씩 정적 속에 지낸 쥐들에게만 새로운 뇌세포가 성장했다는 결과가 밝혀졌다.

우리가 이 3가지 요소를 갈망한다는 건 누구나 직관적으로 안다. 철학자 헨리 데이비드 소로를 보자. 그는 몇 세대에 걸친 구도자들에게 자신만의 월든 호수를 찾고자 하는 마음을 불어넣어 주었다. 또 17년간 말을 하지 않은 존 프랜시스John Francis도 있다. 그는 저항의 의미에서 하루 동안 침묵을 지키겠다고 생각했다가, 막상 시도해보니 침묵이 가져오는 긍정적인 변화를 발견하게 되어 계속 말을 하지 않았다. 침묵하는 동안 그는 걸어서만 이동했으며, 박사 학위를 취득했다. 그의 TED 강연은 가장 인기 있는 강연 중 하나로 꼽힌다. 우리는 승려가 되기 위해 직장을 그만두거나 자급자족하는 삶을 시작하고, 비주류로 살아가는 사람들의 이야기에 흥미를 느낀다. 우리의 마음은 진정한 휴식을 원한다.

불교에는 보통의 침묵과는 다른 '고귀한 침묵'이라는 개념이 있다. 잘 알다시피 보통의 고요는 소음이 없는 상태이다. 말을 하지 않으면 우리는 조용하고, 소리가 없을 때 세상은 잠잠하다. 하지만 고귀한 침묵은 더 높은 목표로, 고요함 속에서 얻는 성취다. 무예에서 말하는 맑은 연못과 같은 것이고 내면이 고요할 때만 얻을 수 있는 것이다. 묵상 수련을 할 때는 고귀한 침묵과 우리가 아는 보통의 침묵을 모두 지켜야 한다. 그리고 묵상 수련을 시작한 첫날 나는 그 두 개념이 얼마나 다른지 이해할 수 있었다.

나는 미국에서 가장 오래된 불교 수련 센터 중 하나인 통찰명상협회IMS에 있었다. 그곳에서는 전화와 컴퓨터를 쓸 수 없고, 말을 할 수 없을 뿐 아니라 글을 읽거나 쓰는 것, 낮잠을 자는 것도 금지되었다. 기본적으로 수련자들은 마음을 흐트러뜨릴 수 있는 어떤 활동도 피해야 했다. 심지어 식사 시간에도 명상이 권장되었다. 구내식당에는 식탁마다 묵상 수련을 하면서 식사하는 방법이 안내되어 있었다. 수련에 참여할 때의 목표는 하루에 15시간을 명상에 전념하며 보내는 것이다. 타고난 내성적 인간으로서 나는 보통의 침묵은 잘 지켰다. 사회적 교류가 없다는 점에서 힘을 얻었고, 전자장치에서 벗어날 수 있다는 점에서 신이 났다. 하지만 고귀한 침묵은 더 어려웠다.

억지로 할 필요 없다, 그저 힘을 빼라

명상가들에게는 '위빠사나*매혹Vipassana Crush'이라고 알려진 현상이 있다. 이는 묵상 수련을 할 때 함께 수련하는 누군가에게 반했다고 착각하는 것이다. 일반적인 형태의 오락거리가 없을 때 뇌는 스스로 드라마를 만들어 낸다. 상대가 얼마나 멋진지, 어떻게 서로에게 딱 맞는 짝인지에 대해 이야기를 지어낼 시간이 하루에 15시간이나 있는 셈이다. 하지만 내 뇌는 또 다른 방향으로 갔다.

나는 '위빠사나 적'을 만들어 냈다. 함께 수련하는 남자가 감기에 걸려서 쿠션에 대고 재채기를 하며 코를 훌쩍이는 탓에 아침저녁으로 내 정적을 망치고 있었다. 그리고 어떤 여자는 매일 무늬가 다른 밝은색 양말을 신었다. 그 여자는 도대체 어떤 점을 증명하려는 것이었을까? 샐러드 줄에 서 있던 나는 마지막 올리브를 가져간 앞사람을 저주했다. 분명

---

* 통찰 명상. 명상을 통해 수행하는 방법으로 관찰을 통해 깨달음을 얻는다는 뜻에서 통찰 명상이라고 한다.

그들은 불교 신자가 될 자격이 없는 사람들이었다. 수련이 끝날 무렵, 나는 옹졸하고 고약한 생각만 하고 있었다. 나는 한 마디도 하지 않았지만, 고귀한 침묵과는 거리가 멀었다.

만약 이 3가지 요소가 우리에게 그토록 유익하고, 내면의 천재성에 닿기 위해 꼭 필요하다면 왜 우리는 그것들을 실현하는 데 그리도 서투른 걸까? 왜 우리는 나의 동료처럼 아무것도 하지 않고 가만히 앉아 있지 못하는 걸까? 우리는 왜 고요함을 두려워하는 걸까? 지금 당장 멈추어보자. 창가를 빠르게 지나가는 자동차들이 있는가? 휴대전화에는 몇 개의 알림이 와 있는가? 답해야 할 이메일과 문자의 소용돌이가 끝없이 휘몰아치는가? 오늘날의 세계는 3가지 요소가 달성되기에는 위태로운 곳이다. 그리고 내면의 천재성을 위해서는 이 요소들을 되찾는 것이 그 어느 때보다 중요하다.

첫 번째 묵상 수련에서 고귀하지 못한 결과를 냈지만, 나는 수련을 계속했다. 몇 해에 걸쳐 집에서 정기적으로 수련하는 것 외에도 12회 이상 묵상 수련회에 참가했다. 더 나아졌다고 말할 수 있다면 좋았을 것이다. 더 이상 위빠사나 적을 만들지 않고, 내 마음은 평온한 연못이 되었다고 말할 수 있으면 얼마나 좋을까? 하지만 그것은 사실이 아니다.

최근에 갔던 묵상 수련회는 처음보다도 더 힘들었다. 그러나 절대로 그로 인해 실망하지는 않는다. 내가 존경하는 명상 선생님은 20년 경력을 가진 자신도 여전히 힘든 날이 있다고 말해주었다. 전에도 수천 번씩 그랬던 것처럼 명상하려고 자리에 앉아도 마음이 거부할 때가 있을 것이다. 명상을 하려고 하면 할수록 주의가 산만해지고 자신이 들은 말을 반추하거나, 특별한 문제가 아닌 일로 스트레스를 받게 될 것이다. 당신의 마음은 명상이 아닌 것 외에는 무엇에도 전혀 집중하지 못하는 듯 보일 것이다. 그녀가 말했다. 나는 이런 사실을 알게 되면서 위로를 받았고, 명상의 핵심은 언제나 완벽하게 평온한 것이 아니라 연못이 탁해질 때를 알아차리고 밑바닥에서 진흙을 훑어내기 위해 노력하는 것임을 깨달아갔다. 페마 초드론Pema Chodron은 이를 가장 잘 표현했다. "명상은 바로 여기 있는 것으로 그저 천천히 돌아오고 또 돌아오는 것이다." 돌아오고 또 돌아오는 것. 내게는 상당히 훌륭한 목표처럼 보였다.

직관과 친해지기 위해 삶이 아무런 방해도 없이 절대적으로 고요해질 필요는 없다. 내부적이든 외부적이든 소음과 소란이 통제할 수 없어졌을 때 알아차리고, 고요과 고정과 고독을 조성하기 위한 무언가를 시도하면 된다. 그저 몇 번이고 돌아오도록 선택하면 된다.

고독을 위하여: 도파민 디톡스

고요를 위해서 휴대전화는 언제나 방해 금지 모드로 설정해둔다. 고정을 위해 나는 원할 때는 언제든 아무것도 하지 않도록 스스로 허락한다. 아무 이유 없이 침대에 누워 있을 때도 있고, 잔디밭에 가만히 서 있을 때도 있다. 3가지 요소 중에서 내가 가장 좋아하는 것은 고독이다. 나를 재충전하는 데 다른 2가지보다 더 유용하기 때문이다. 매달 나는 적어도

24시간은 사람들과 전화, 메시지에서 벗어날 방법을 찾는다. 혼자 있는다. 오롯이 혼자인 것이 어떤 느낌인지 기억할 수 있도록 한다.

고정을 유지하는 일에 대해서라면 아비바 롬Aviva Romm을 빼놓을 수 없다. 의사이자 조산사, 베스트셀러 작가인 그녀는 새로운 강의를 구성하거나 다음 책을 집필할 때 내면의 천재성에 적합한 여건을 조성하는 것을 가장 우선순위에 둔다. 그녀는 전원 지역의 8,500평 대지에 살지만, 창의력을 위해 휴대전화 알림은 끄고 이메일은 미리 정해진 시간에만 회신한다. 성가신 방해물들은 한데 모아 가두어 두기가 쉽지만, 아비바는 나아가 더 어려운 선택을 했다. 그녀는 직관적인 자신에게 더 많은 공간을 주기 위해 명망 있는 자문위원회 자리를 거절했다. "저는 외적인 영역에 쓰는 시간만큼 내적인 영역에도 시간을 많이 쏟기로 다짐했어요." 그녀는 이렇게 말했다.

세상에서 물러나 경계를 구축하는 그녀의 능력은 그녀가 성공한 사람이라는 증거다. 그녀는 여유롭게 샤워하고, 직조 공예와 그림 그리기를 하면서 "유레카!"를 외치는 최고의 순간들을 경험했다. 삶의 경계가 되는 공간을 설정하고 사이사이 찾아오는 기분 좋은 순간들을 지킴으로써 아비바는 창의력을 발휘할 수 있었다. "내 샤워 시간은 무엇도 방해할 수 없어요." 그녀는 이렇게 말했다.

내 고객 중 1명은 매일 아침 60분씩 명상을 한다. 내가 아는 부부는 1개월 중 48시간은 누구에게도 말을 하지 않고 지낸다. 물론 이건 그들만의 방법이다. 사람마다 시간과 생활에 대한 제약이 다르므로 어디든 각자 할 수 있는 자리에서 시작하는 게 좋다. 아무 문제 없다. 어쩌면 고독하게 보낼 수 있는 시간이 없을지도 모른다. 그래도 괜찮다. 하루에 단 30분을 투자해도 똑같이 기운을 되찾을 수 있다. 내면의 천재성은 우리의 행위가 얼마나 인상적인지 개의치 않는다. 단지 매일 아주 잠깐이라도 내면의 천재성이 찾아들어 우리에게 요긴한 지혜를 줄 수 있도록 마음을 맑은 연못으로 만드는 시간이 필요할 뿐이다. 아침마다 5분씩 명상하거나, 다가오는 토요일에 2시간 동안 침묵을 지키는 것으로 시작할 수 있다. 놀라운 것은 우리의 직관이 우리에게 무엇이 필요한지 알려준다는 점이다.

성공지침 ①

1. 조용한 방으로 가서 타이머를 2분으로 설정한다.
2. 타이머가 울릴 때까지 눈을 감고 묵묵히 앉아 있도록 한다. 고정이 선사하는 고요함에 흠뻑 젖어 들어보자.
3. 2분이 지나면 속으로 혹은 소리 내어 물어본다.
   "직관적인 나여, 고요와 고정과 고독을 더욱 많이 경험하려면 무엇을 해야 할까?"
4. 머릿속에 가장 먼저 떠오르는 답을 따른다. 그것이 바로 내면의 천재성이 주는 메시지다.

6장

나는 내 생각보다
괜찮은 존재다

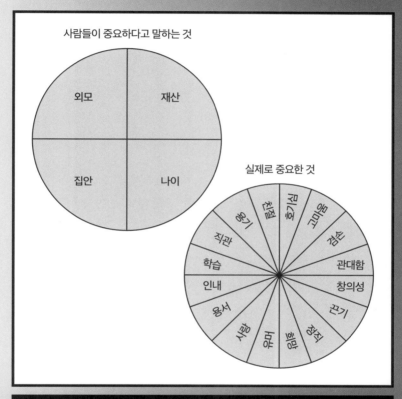

사람들이 중요하다고 말하는 것

외모	재산
집안	나이

실제로 중요한 것

용기 / 친절 / 충성심 / 유머 / 겸손 / 관대함 / 창의성 / 끈기 / 정직 / 희망 / 낙천 / 낭만 / 용서 / 인내 / 학습 / 직관

표9 성격 바퀴

우리는 우리가 생각하는 것보다 훨씬 더 흥미로운 존재다.
우리 성격 안에는 탐구할 수 있는 요소들이 무궁무진하다.

진짜 나를 발견하는 시간

나는 처음 고객을 만나면 일단 제안부터 한다. 첫째, 개인적인 질문 10가지를 담은 목록을 보내 서면으로 답하게 한다. "인생에서 가장 실망했던 일은?" "아직 이루지 못한 꿈이 있다면?" 같은 질문이 들어 있다. 둘째, '호건 검사ᴴᴾᴵ'를 할 수 있는 링크를 보낸다. 검사를 마치면 28개의 특징이 각각 0~100점으로 나타나고, 그를 통해 고객의 성격을 파악할 수 있다. 호건 검사는 정량적 검사, 내가 보낸 질문은 정성적 검사다.

나는 고객의 강점과 약점, 현재의 동기를 파악하기 위해 데이터를 쏟아붓는다. 고객의 복잡하고 모순적인 면을 포함하여 고객을 진정으로 파악하는 능력은 코치가 가져야 하는 핵심 역량이다. 사람들에게 내가 하는 일을 말하면, 그들은 종종 이렇게 말한다. "와, 선생님은 최고의 조언을 해주시겠네요!" 하지만 사실 내가 하는 일은 그렇게까지 감동적이지는 않다. 내 일은 단지 이해하는 것이다. 나는 고객에게 여러 질문을 하고, 고객을 이해하려고 애쓴다. 내 의견은 최대한 제시하지 않는다. 고객의 대답을 주의 깊게 듣는다. 그 과정에서 고객 역시 자신을 이해하기 시작한다. 이렇게 되면 고객은 자신의 문제를 스스로 해결하는 데 필요한 모든 지혜를 갖게 된다.

앞에서 우리는 내면의 천재성의 소리를 들으려면 적절한 자리가 필요하며, 그 환경은 고요과 고정과 고독이라는 3가지 요소로 만들어진다는 것을 배웠다. 또한 내면의 천재성은 자기 인식을 필요로 한다. 내면의 천재성을 우리의 인생 코치라고 생각해보자. 코치인 내가 고객을 진정으로 알고 있는 것처럼, 우리의 인생 코치인 내면의 천재성도 우리를 진정으로 알고 있어야 한다.

내면의 천재성은 우리가 이룬 것이 무엇인지, 혹은 우리가 다른 사람에게 어떻게 보이는지와 같은 피상적인 층위를 뛰어넘어 본질에 다다르기를 바란다. 내면의 천재성은 꿈과 두려움, 불안, 그늘과 같은 흥미진진한 부분을 갈망하며 우리가 순간순간 어떻게 변화하고, 변모하는지 이해하고자 한다. 우리의 과거는 중요하지 않다. 중요한 것은 감정이 충만한 부분들이고, 그것은 우리에게 중요하게 받아들여져야 한다. 내면의 천재성이 우리를 알기 전에, 먼저 우리가 자신을 알아야 한다.

어떤 사람이 '자각한다'고 말할 때는 그 사람이 자신의 개성과 감정, 동기, 욕망에 대해 의식적으로 알고 있다는 뜻이다. 그런 사람은 자신을 관찰하고, 질문한다. 어떻게 자신과 같은 존재가 될 수 있는지 궁금해하고, 계속 그렇게 해야 하는지 깊이 생각해본다. 우리는 자신에 대해 얼마나 인식하고 있는가? 사회심리학자인 리처드 니스벳Richard Nisbett은 동료들과 함께 자신과 타인이 어떻게 개념화되는지 조사하는 연구를 진행하면서, 학생들에게 다음과 같은 표를 이용해 자신을 설명하게 했다. 또 절친한 친구, 아버지, TV에 출연하는 유명인을 대상으로도 같은 방식으로 설명하는 걸 제안했다.

1	활기찬	느긋한	상황에 따라 다르다
2	회의적인	신뢰하는	상황에 따라 다르다
3	조용한	말하기 좋아하는	상황에 따라 다르다
4	격렬한	차분한	상황에 따라 다르다

〈당신과 당신 주변인을 설명하라〉

니스벳은 학생들이 다른 사람, 심지어 만난 적도 없는 낯선 사람을 설명할 때보다 자기 자신을 설명할 때 '상황에 따라 다르다'를 훨씬 더 많이 선택한다는 사실을 발견했다. 우리는 주변 사람들은 쉽게 정의하지만, 자기 자신에 대해 정의하는 일은 너무나도 어려워한다. 자신과 모든 시간을 보내는데도 말이다. 신체와 마음과 정신으로 이루어진 자아는 우리 인생에서 유일하게 함께할 동반자인데, 거기에 대해서는 왜 생각하지 않은 것일까? 학교나, 직장에서 우리가 자신에 대해 배워보기를 권장 받은 적이 있던가? 우리는 세상 모든 주제에 대해 연구할 기회를 받았다. 우리 내면의 삶을 탐구할 기회 역시 우리에게 있다.

세계일주가 꿈이라고 가정해보자. 낯선 배를 타고 모험을 떠나야 한다면 어떻게 할 것인가? 그런 상황은 얼마나 혼란스러울지 상상해보자. 배가 고장 났을 때 어디를 고쳐야 할지 모르고, 배에 어떤 재료가 있는지도 모르고, 얼마나 오래 바다에 머물 수 있는 있을지, 비축품이 있는지도 도통 모를 것이다. 배에 대해 알지 못하면 세계를 항해할 수 없다. 우리의 삶도 마찬가지다. 우리는 세상이라는 바다를 항해하는 한 척의 배와 같다. 자기 자신을 모르면 진정한 성공에 이를 수 없다. 우리가 다른 배보다 나은 점은 무엇인가? 어떤 날씨와 바람에서 항해하기가 가장 좋은가?

자기 자신을 설명하는 건 어려운 일이다. 제멋대로 자기만족에 빠진 것 같은 기분이 들 수도 있다. 게다가 우리는 '나'를 이해하는 첫 번째 방법으로 '남'을 활용했다. 우리가 수학을 잘한다고 생각하는 것은 5학년 때 선생님이 그렇게 말해주었기 때문이다. 부모님이 창의적이라고 말해줬기에 우리는 창의적인 사람이 되었다. 우리의 성장 시기는 자신에 대한 인식 전체가 다른 사람들이 평가한 것들을 모아놓은 잡동사니로 이루어져 있다. 칼 융은 이렇게 말했다. "세상은 당신에게 누구인지 물을 것이다. 그리고 당신이 모른다면 세상이 알려줄 것이다." 그렇다. '나'를 정의하는 사람은 나 자신이 되어야 마땅하다.

나와의 데이트를 하라

지난 30년 동안, 나는 내가 누구인지 전혀 알지 못했다. 나의 가장 큰 목표는 호감을 얻는 것이었으므로 나는 집에서도 직장에서도 다른 사람들이 원하는 대로 움직였다. 컨설팅을 시작하기 위해 직장을 그만둔 일, 이혼, 그리고 친구들과 사이가 멀어진 일이 모두 비슷한 시기에 일어났다. 하룻밤 사이에 내 자아가 딛고 설 발판이 사라진 기분이었다. 나는 처음으로, 나 혼자서 자신을 정의해야만 했다. 내 치료사는 매주 '나와의 데이트'를 해볼 것을 권했다. 그래서 토요일마다 혼자서 어떤 활동이든 할 수 있는 3시간을 비워두었다. 그 활동은 영화를 보러 가는 것처럼 내가 좋아한다고 생각했던 일이거나, 크로스핏처럼 몹시 싫어한다고 믿는 일이어야 했다. 목표는 진정한 나 자신이 정말로 무엇을 좋아하는지 발견하는 것이었다. 나의 내면세계에 호기심을 가지고, 스스로를 새롭게 보는 일이 필요했다.

머나먼 과거, 혼란에 빠진 젊은 여성이 선승을 찾았다.

"도와주세요. 나는 혼란에 빠졌어요. 내가 누구인지 모르겠어요. 부디 진정한 내 모습을 나에게 알려주세요."

그녀는 이렇게 말했다. 선승은 그녀를 외면하고 아무 말도 하지 않았다. 그녀는 선승이 자신의 말을 듣기는 한 건지 의심스러웠다. 그래서 그녀는 다시 물어보았다. 여전히 답은 없었다. 그녀는 더 가까이 다가가서 선승의 바로 앞에 대고 다시 부탁했다. 그가 다시 고개를 돌리고 계속 무시하자 그녀는 자리를 떠나려고 돌아섰다.

"이봐, 당신." 그녀가 떠나는 순간 선승이 소리쳤다.

"네!" 선승의 지혜로운 답을 들을 준비가 된 여자가 대답했다.

"바로 여기 있군."

선승이 말했다. 바로 여기 있다. 여기에 우리가 있다. 자신에 대해 배우는 길은 복잡하지 않다. 사실 그 길을 가는 것이 우리의 타고난 본성이다. 잘 생각해보라. 그 길은 내내 우리를 기다리고 있었다.

이쯤에서 해보기 좋은 진정한 '나'를 발견할 수 있는 질문 10가지가 있다. 실제 상담을 앞두고, 내가 고객에게 전하는 10가지 질문이다.

1. 당신은 무엇이 자랑스럽습니까?

2. 당신이 가장 실망한 일은 무엇이었습니까?

3. 당신의 직업에 대한 당신의 느낌을 설명하는 단어는 무엇입니까?

4. 당신이 자신에 대해 가장 자주 듣는 칭찬이나 감사는 무엇입니까?

5. 아직 이루지 못한 꿈은 무엇입니까?

6. 만족스럽고, 잘 살아온 삶이었고, 거의 후회 없는 삶이었다고 생각하려면 평생 어떤 성취를 이루어야 한다고 생각합니까?

7. 최고의 상태일 때 당신을 가장 잘 설명하는 단어는 무엇입니까?

8. 당신이 최고의 상태에 이르지 못하도록 막는 장애물이나 걸림돌은 무엇입니까?

9. 현재 당신에게 가장 불확실한 것은 무엇입니까?

10. 현재 당신이 가장 확신하는 것은 무엇입니까?

지금 대답해도 좋고, 나중에 대답해도 좋다. 그저 자유롭게 흘러가면 된다. 다른 성격 검사를 함께 해보는 것도 추천한다. 마이어스-브릭스 유형 지표 MBTI와 에니어그램은 좋은 출발점이 될 것이다. 또 다른 검사가 필요하다면 수비학數秘學을 탐구해볼 것을 권한다. 수비학은 고정된 개인의 유형을 말하는 MBTI와 에니어그램과는 다르게, 사람이란 끊임없이 변화하는 존재라는 지점을 포착해 이야기한다.

수비학에 따르면 우리는 1에서 9까지, 숫자가 매겨진 일련의 개인적 연도를 순환하는데 그 순환 주기에서 자신의 위치는 생일에 따라 달라진다고 한다. 연도 번호에는 각각의 주제가 정해져 있고, 그에 상응하는 혜택과 어려움, 교훈이 있다. 예를 들어 현재 개인 연도 번호가 1인 사람이라면, 새로운 시작과 새 출발에 관심이 집중되어 있으므로, 직장을 옮기거나 새로운 친구를 사귀거나 다른 도시로 이사를 할지도 모른다. 그리고 다음 생일이 되면, 연도 번호가 2로 변하는데 이 시기는 사랑과 동반자와의 관계에 집중하게 된다. 따라서 사랑하는 사람과 보금자리를 꾸리고, 서로의 관계가 깊어질 수도 있다. 해가 바뀌면서 상응하는 번호의 수비학적 주제에 따라 내가 어떤 사람인지도 변화한다. 얼마 전 나의 연도 번호는 4였는데, 나를 위한 새로운 기반을 구축하느라 재미없고 스트레스가 많은 시기였다.

주기의 마지막 연도는 9다. 다시 1로 돌아가기 전의 마지막 번호다. 9는 마무리와 슬픔, 완성의 시기다. 이 시기에는 우리 삶에서 좋은 효과를 내지 못했던 것은 제아무리 깊이 뿌리 내리고 있다 해도 떠나보내야 한다. 이때는 삶이 의미심장한 방식으로 뿌리째 뽑히기 때문에 매우 도전적인 시기이다. 나는 이 시기에 있을 때 수비학이 얼마나 힘이 되어주었는지 기억한다. 단지 당면한 과제가 무엇인지 아는 것만으로도 요동치는 변화에 대응하는 데 도움이 되었다.

에니어그램도 수비학과 마찬가지로 9개의 숫자로 작동한다. 9가지 유형은 각각 동기를 부여하는 기본적인 욕구와 두려움을 가진다. 욕구와 두려움은 동전의 양면과 같다. 예를 들어 나는 7번 유형에 해당하는 낙천가형이다. 내게 가장 큰 욕구는 행복해지고자 하는 것이고, 가장 두려워하는 것은 고통이다. 이 두려움은 상황이 어려워질 때마다 회피하며 자리를 떠나는 것으로 표현된다. 낙천가는 부정적 감정을 싫어하므로, 그런 감정을 감지하는 순간 곧바로 도망간다.

에니어그램을 공부하기 시작했을 때 나는 그러한 기본적인 두려움이 내 삶의 결정에서 얼마나 자주 작용했는지 곧바로 알 수 있었다. 나는 언제나 차선책을 찾는 사람이었다. 나는 2년 이상 같은 직장에 머무른 적이 없었고 10년 동안 이사를 10번이나 했다. 각 유형에는 자신을 표현하는 건강한 방식과 왜곡된 방식이 있는데, 내가 건강한 7번 유형으로 성장하려면 내가 편안하다고 느끼는 시간보다 하루, 일주일, 심지어 1년까지도 더 오래 한 자리에 머물러야 한다는 것을 알게 되었다.

벤처캐피털에서 일자리 제안을 받았을 때, 연봉이나 직함을 비롯한 모든 것이 좋아 보였다. 다만 그들은 내가 직장을 여기저기 옮겨 다닌 이력을 알고, 최소한 3, 4년은 내가 그 일을 책임져야 한다고 말했다. 나는 창업자들과 신뢰 관계를 형성해야 해서 한두 해 만에 갑자기 떠나는 건 불가능했고, 할 수도 없었다. 대부분의 사람에게 3, 4년은 대수롭지 않아 보일 수 있지만, 나로서는 두려운 일이었다. 게다가 나는 금융 분야에서 일해본 적이 없었다. 만약 그 일이 마음에 들지 않으면, 거의 한 세대의 절반에 가까운 기간을 좋아하지도 않는 일에 얽매이게 되는 셈이었다. 하지만 에니어그램을 떠올렸을 때 내 답은 분명했다. 난 그 자리를 택해야 했다. 나와 같은 유형의 사람에게 헌신은 긍정적인 성장의 단계였다.

내가 단지 에니어그램이 시키는 대로 따르느라 그 일자리를 받아들인 것일까? 그렇지 않다. 하지만 에니어그램은 그 결정이 단지 일자리 이상을 의미한다는 것을 이해하도록 도와주었다. 그것은 내가 성장할 중요한 기회이기도 했다. 성격 검사는 우리가 어떤 사람인지 규정하는 것이 아니라 우리가 최고의 모습이 될 수 있는 길을 알려준다. 어떤 성격 검사를 해보든 상관없이 거기에서 배우는 것은 절대적인 진리가 아님을 유념하자. 우리의 성격을 정의할 수 있는 유일한 권위자는 바로 우리 자신이다.

내가 처음 리셋을 시작했을 때, 내게 도움을 준 사람들에게 감사 편지와 작은 선물을 보낼 때 쓸 카드를 인쇄했다. 나는 카드 뒷면에 어떤 문구를 넣을지를 두고, 훨씬 더 중요한 일을 뒤로 미룬 채 사흘을 꼬박 고민했다. 내가 하는 일을 나타내면서도 내가 직감적으로 아는 진실이 담겨있어야 했다. 마침내 나는 재능있는 작가이자, 철학자이며 트라피스트 수도사인 토머스 머튼Thomas merton이 쓴 내가 가장 좋아하는 문구 중의

하나를 인용하기로 했다. 카드 뒷면에는 큰 볼드체로 "나의 가장 큰 야망은 이미 존재하는 내가 되는 것이다."라고 쓰여 있다.

바로 여기 있다. 여기에 우리가 있다. 우리는 이미 도착했다.

성공지침 ②

1. 온라인 성격 검사를 실시한다.
2. 내면의 천재성에 귀를 기울이면서, 나의 성격과 가장 일치한다고 느끼는 설명을 적는다.
3. 나와 전혀 맞지 않는다고 느끼는 부분을 적는다.
4. 잠시 시간을 내어 자기 자신이 얼마나 대단한지 즐기도록 한다.

최고의 결과가 나오는
또 다른 곳

7장

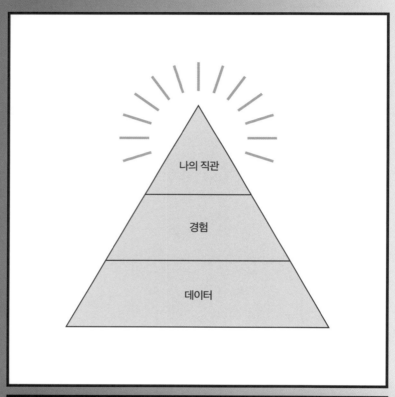

나의 직관

경험

데이터

표10 최고의 결과가 나오는 곳

결정을 내릴 때는 논리와 경험, 데이터가 유용하지만,
그곳에서 나오는 지혜는 제한적이다.
언제나 당신의 직관을 믿어라.

● ● ●

경험이 만들어준 고도의 육감

7년 차 경찰, 셰리 메이플스는 사건 현장에 도착했을 때 본인이 해야 할 일을 본능적으로 알았다. 여자, 여자의 전남편, 그리고 그들의 딸이 현장의 중심에 있었다. 이혼을 원하지 않던 남자는 머리끝까지 화가 난 상태였고, 키는 셰리보다 30cm 정도 더 컸다. 물리적인 폭력을 행사하지는 않았지만, 아내와 딸은 겁에 질려 있었다. 예전의 셰리라면 남자를 체포하는 데 사력을 다했을 것이다. 하지만 이번에는 무언가 그녀를 가로막았다. 셰리는 남자를 체포하는 대신 진심으로 이야기했다. 먼저 그에게 그의 딸을 보내달라고 부탁했다. 그는 그대로 따랐고 이내 흐느끼기 시작했다. 셰리는 그가 몹시 고통스러워하는 것을 느낄 수 있었다.

그로부터 사흘 후, 셰리는 집 근처에 있는 상점에서 그 남자와 마주쳤다. 비번이었던 그녀는 제복을 입지 않았지만, 남자는 그녀를 바로 알아보았다. 그는 달려와서 그녀를 번쩍 들어 올리며 말했다. "고맙습니다. 제 목숨을 구해주셨어요." 셰리는 늘 해왔던 일에서 벗어나 직관에 귀 기울였고 그것은 효과가 있었다. 신고 전화를 받기 일주일 전, 셰리는 처음으로 묵상 수련회에 참석했다. "마음이 누그러지면서 처음으로 직관이 열리는 것을 경험했어요." 그녀는 이렇게 말했다. 수련은 그녀에게 내면의 천재성과 이어지는 다리가 되어주었다.

셰리의 직관적 행동 방안은 본능, 직감 혹은 충동이라 부를 수 있다. 하지만 이젠 우리만의 이름을 붙여주기로 하자. 우리는 그것을 '고도의 육감'이라고 부를 것이다. 어떻게 알게 되었는지는 잘 모르지만, 무언가를 분명히 알고 있는 경험을 뜻한다. 그날 밤, 정신이 나가 있던 그 남자가 셰리가 경험한 첫 번째 고도의 육감은 아니었다. 사실 그녀를 수련회로 이끌어준 것은 척추지압사의 진료소에서 본 광고전단이었다. 허리를 치료하기 위해 진료소에 갔지만, 그곳에서 한 작은 선택이 아름다운 결과를 낳은 것이었다.

영감을 주는 위대한 원천

앞선 장에서는 고요·고정·고독을 활용해 내면의 천재성에 적합한 환경을 만드는 법을 배웠다. 이제 우리는 깊고 깊은 고도의 육감이 들려주려는 소리에 귀 기울이는 방법을 배울 것이다. 내면의 천재성은 끊임없이 우리에게 메시지를 보낸다. 체포하지 않기로 한 셰리의 결단처럼 큰 문제일 때도 있고, 친구에게 전화하고 싶은 충동처럼 사소한 것일 수도 있다. 우리는 이러한 육감을 예측할 수 없지만 이용하는 방법을 배울 수는 있다.

과학자들도 고도의 육감을 이야기한다. 그들은 직관적인 암시를 육체와 뇌에서 나오는 무의식적 정보의 영향으로 설명한다. 기본적으로 뇌는 우리의 이성적인 정신보다 훨씬 빠른 속도로, 뇌가 알고 있는 모든 정보를 통해 질문을 처리한다.

체스 선수를 예로 들어보자. 체스를 처음 배우기 시작할 때는 모든 가능성을 분석하면서 움직임 하나하나를 판단해야 한다. 뛰어난 체스 선수들은 그렇게 할 필요가 없다. 그들은 체스판을 힐끗 보는 것만으로도 가능한 선택지를 바로 안다. 초보들은 분석한다. 대가들은 직관으로 안다. 물론 헤아릴 수 없이 많은 시간을 연습에 전념한 뒤에야 일어나는 일이다. 우리의 기적적인 본능도, 샅샅이 조사할 데이터는 여전히 필요하다.

나는 과학이 알려주는 바를 믿는다. 또한 직관이 내면의 천재성과 연계되어 있다는 것도 믿는다. 의심할 여지 없이, 내 뇌에는 나보다 더 빠르게 점들을 잇는 잠재의식의 영역이 있다. 어쨌든 우리 신체와 뇌는 어떤 계획적인 사고 없이도 호흡하고, 혈액을 내보내고 놀라운 일들을 무수히 많이 한다. 나는 그 뒤편에서 틀림없이 좋은 생각이 이루어지고 있다고 생각한다. 그러나 이런 설명은 알루아 아서가 새로운 소명에 대한 비전을 보았을 때나, 내가 책의 집필을 처음부터 다시 시작해야 한다고 확신했던 때처럼 불가해한 영감의 순간을 생각해보면 한계가 있다고 느긴다. 우리는 모두 나 자신보다 더 위대한 원천에서 영감을 받는다.

코칭을 할 때마다 나는 완전히 직관적인 상태에서 일한다. 매번 어떤 질문을 해야 할지 알려주는 고도의 육감을 여러 번 느낀다. 처음 코칭을 시작했을 때 나는 이런 육감을 믿지 않았다. 육감이 제안하는 질문들이 말이 되지 않거나, 너무 난처하다고 생각했기 때문에 무시했다. 하지만 육감은 끈질기게 계속되었다. 내가 마지못해 받아들일 때까지 반복되었다. 아무리 놀라운 육감이라고 할지라도 내가 길을 잃도록 이끌었던 적은 단 한 번도 없었다.

오직 내면의 천재성과 고도의 육감만 있으면 된다고 말하는 것이 아니다. 나는 과학도 믿는다. 그리고 과학이 말해주듯이 뇌가 번개처럼 빠른 속도로 문제를 처리하기에 앞서, 뇌에도 데이터가 필요하다. 내면의 천재성도 마찬가지다. 나는 코칭을 할 때 고도의 육감을 따르지만, 그 육감들은 기술 기업에서 15년 근무한 경력과 수백 명의 CEO를 코칭한 성과, 수천 시간의 코칭 기록을 포함하는 깊은 경험에 뿌리를 두고 있다. 경찰 셰리가 그 남자를 체포하지 않기로 한 결정은 직관적이었지만, 그녀는 10년 가까이 경찰로 근무한 경험이 있었고, 상황이 변하면 무엇을 해야 할지 알고 있었다. 우리는 결정을 내릴 때 경험과 육감 양쪽 모두가 필요하다. 즉, 'all sizzle and no steak.' 굽는 소리만 요란하고, 정작 고기가 없다는 뜻이다. 우리는 스테이크를 가져야 하고, 지글지글 먹음직스럽게 구울 줄도 알아야 한다. 우리는 소리만 요란한 빈 수레만큼은 얻지 말아야 한다.

내가 원하는 모든 것을 갖는 법

'스테이크'는 조사와 데이터, 모든 선택지에 대한 이해를 뜻한다. '지글지글 잘 구워지는 소리'는 고도의 육감, 신속하고 창의적인 처리 과정이다. 지글지글 굽는 것이 재미있고 효율적이기는 하지만, 스테이크용 고기가 있어야 가능한 일이라는 것을 명심해야 한다. 이따금 나는 내 일 전체가 스테이크와 지글지글 굽기, 이성적인 사고와 직관적인 사고 사이의 상호작용을 탐색하는 것이라고 생각한다. 알다시피 나는 고객을 이해하기 위해 호건 성격 검사를 즐겨 이용한다. 하지만 나는 고객의 비이성적인 내면세계에도 친숙해져야 한다.

코칭 시간에 나는 여러 차례에 걸쳐 예산과 예상치와 서식들이 포함된 스프레드시트를 참고하지만, 진정한 나의 일은 그 데이터가 내 고객의 심리 상태에 어떤 영향을 끼치는지 직관적으로 아는 것이다. 비단 나에게만 해당하는 일이 아니다. 어떤 일에서든 성공한다는 것은 경험과 육감 모두에 통달한다는 뜻이다. 불행하게도 우리는 대개 어느 한쪽만 잘하는 경향이 있다.

당신은 스테이크를 준비하는 쪽인가? 아니면 지글지글 굽는 쪽인가? 4가지 성공 연습에서 '직관적인 나'와 '실용적인 나'가 어떻게 우리의 내면에 자리하고 있는지 논의했던 것을 떠올려보자. 어느 쪽에 책임을 맡길지 파악하고, 다른 쪽에도 어느 정도 관심을 기울일지 판단하는 것이 우리가 할 일이다. 만약 지글지글 굽는 쪽이라면 답은 간단하다. 스테이크 고기를 준비하는 일을 더 잘하자. 성실하게 준비하자. 연습 시간을 기록하고, 데이터를 모으고, 연구를 수행한 후에 시도하고 또 시도하자. 만약, 스테이크를 준비하는 쪽이라면 이 장의 나머지 부분이 바로 당신을 위한 내용이다. 아마도 당신은 고도의 육감에 귀 기울이는 것이 익숙지 않을 것이다. 어쩌면 그 육감이 어떻게 들리는지조차 알지 못할 수도 있다. 괜찮다. 그저 내면의 천재성과 친해지는 데 더 많은 시간을 쏟으면 된다. 그 관계를 시작할 때 활용할 훌륭한 기법들도 다양하게 있다. 여기서 몇 가지 아이디어를 소개하겠다.

삶에서 어떤 문제가 발생해 혼란을 느낀다면, 가까운 서점이나 도서관에서 자기계발서나 경영서가 있는 쪽으로 가라. 가장 먼저 눈에 띄는 책을 훑어보면서 앞으로 어떻게 진행해야 할지에 대한 통찰을 얻는다.

업무를 하다가 걸림돌을 만났다면, 아인슈타인을 따라 해본다. 낮잠을 자고 긴 산책도 해보자. 혹은 앞에서 만난 아비바 롬처럼 손으로 직접 무언가를 만들어본다. 재미있고, 즐길 수 있고, 순전히 비이성적인 일을 한다. 그런 모험을 즐기는 동안 머릿속에 무엇이 떠오르는지 확인해보자.

타로나 오라클 카드처럼 점을 치는 도구를 활용해볼 수도 있다. 내면의 나와 관계를 맺기 시작한 초기 단계에서 내가 내면의 천재성과 친숙해지기 위해 즐겨 쓰던 방법이다. 타로나 오라클 카드에는 대부분 각 카드의 의미를 알려주는 책자가 함께 제공되니, 곧바로 활용하기도 쉽다. 나는 명확히 하고 싶은 업무 문제나 개인적 문제를 생각하고 카드 한 장을 뽑곤 했다. 카드의 상징적인 조언을 읽다 보면 내면의 천재성이 말하기 시작한다. 그걸 들으면 된다.

'예'와 '아니오', 극단의 결정을 내려야 할 때 내가 즐겨 쓰는 또 하나의 도구는 물리적인 나에게서 나온다. 먼저, 나는 고요와 고정과 고독 속으로 돌입한다. 나는 혼자 가만히 앉아서 정적 속에서 몇 분을 보낸다. 나는 눈을 감고 '예'를 선택한 상황을 그려본다. 그리고 내 몸에 어떤 감정이 떠오르는지 알아본다. 신이 나서 가슴이 두근거리는가? 아니면 긴장되어 배가 아픈가? 내 에너지는 떨어졌는가? 아니면 팽창했는가? 이어서 '아니오'를 선택한 상황도 똑같이 상상해본다. 그 결정을 내리지 않는 나를 상상할 때 어떤 느낌이 드는가? 어느 쪽이 더 감정을 불러일으키는가? '예'인가? '아니오'인가? 어느 한쪽이 분명히 긍정적이거나 부정적이었는가? 비록 우리는 깨닫지 못하더라도, 우리 몸은 언제나 우리가 무엇을 원하는지 안다.

내면의 천재성을 보는 공간

꿈은 내면의 천재성이 보내는 메시지를 들을 수 있는 또 하나의 비옥한 공간이다. 대학을 갓 졸업했을 때, 나는 로스쿨에 지원하기로 마음먹었다.

내가 변호사가 되기를 바랐던 어머니를 생각해 내린 결정이었다. 나는 법률회사에서 기초적인 업무를 하는 일자리를 얻었고 로스쿨 입학시험 공부를 시작했다. 곧이어 악몽이 시작되었다. 나는 밤마다 브레이크가 없는 차를 운전하는 똑같은 꿈을 꾸었다. 무시무시한 경험이었다. 나는 멈출 능력도 없이 빠르게 달리는 차를 몰고 복잡한 도시를 질주했다. 운전대를 이리저리 꺾으면서 다른 자동차나 보행자를 가까스로 피해갔다. 밤마다 식은땀을 흘리며 깨어났고 때로는 비명을 지르기도 했다. 내면의 천재성이 보내는 메시지의 의미는 분명했다. 나는 내 인생을 통제하지 못하고 있었다. 로스쿨을 포기하고 뉴욕으로 가겠다고 결정하자마자 악몽은 사라졌다. 당신도 나처럼 꿈에서 방향을 찾을 수 있다. 아직 낯설다면, 일단 꿈을 3단계로 나누어서 분석해보는 시간을 가져보자.

첫 번째, 꿈에서 어떤 일이 일어났는가? 꿈에서 깨어나자마자 최대한 빨리 꿈의 내용을 기록하는 데 집중한다. 두 번째, 꿈에서 어떤 느낌이 들었는가? 꿈의 세계에서 경험하는 감정은 우리가 깨어 있을 때도 겪지만, 대부분 묻혀 있는 감정일 가능성이 크다. 폭주하는 자동차가 나오는 악몽에서 나는 겁에 질리고 무력감을 느꼈다. 내 현실 생활도 다르지 않았다. 세 번째, 상징적인 차원이다. 꿈의 주요한 양상을 생각해보고 그것이 은유적으로 무엇을 나타내는지 생각해본다. 상상력을 발휘해 꿈에 나타난 사건과 사물들, 사람들에게 상징을 적용해본다. 내가 꾼 악몽은 알기 쉬웠다. 자동차는 내 삶이었고, 나는 재앙과도 같은 충돌의 위기에 처해 있었다. 내면의 천재성은 로스쿨이 나의 길이 아니라는 메시지를 끊임없이 전하고 있었다. 그 사실을 외면하고 나아갔을 때 나는 끔찍한 고통을 느꼈다.

물론 내가 제안한 방법이 전부가 아니다. 고도의 육감은 곳곳에서 나온다. 지금 듣는 노래일 수도 있고 동료가 언급한 책일 수도 있다. 나는 일기를 쓰거나 잔디밭에 누워 있을 때 혹은 책을 읽을 때 가장 자주 무언의 메시지를 받는다. 또 잠들기 전, 밤을 보내며 여러 메시지를 듣는다. 당신의 메시지도 분명 고유한 방식이 있을 것이다. 가장 편안하다고 느끼는 장소와 활동에서 시작해보는 게 좋다. 타인의 눈은 신경쓰지 말고 그저 실행해보자.

인생을 바꾸어 놓을 정도로 중대한 육감이라면, 그래서 믿어도 될지 확신이 서지 않는다면 나는 삼세번의 원칙을 따른다. 처음 메시지를 들을 때는 주의를 집중한다. 두 번째로 들을 때는 고려할 시간을 갖는다. 마지막으로 세 번째 메시지를 듣는다면, 행동을 취한다.

실제로, 실적이 부진한 직원을 해고해야 하는 업무로 힘들어하는 고객이 있었다. 여기서 첫 번째 메시지가 울린다. 고객의 아내는 그 상황을 알지 못한 채로 그에게 본인 사무실의 해고당한 동료 직원의 이야기를 했다. 결과적으로 모두에게 긍정적인 일이 되었다고 말했다. 이어 두 번째 메시지가 울렸다. 고객의 친구가 그의 감정에 공감하며 직원을 해고하는 주제의 기사를 보내주었다. 마지막 메시지가 울렸다. 거듭된 경고에도 해당 직원이 또 한 번 저조한 실적을 내고 업무를 잘못 처리하자, 그는 이제 때가 되었다는 것을 알았다.

어떤 기법을 시도하든 고도의 육감은 간단하다. 이것은 중요한 핵심이다. 고도의 육감은 우리가 그 메시지를 따르기를 바란다. 메시지에 대해 행동을 취하기 시작하면, 더 많은 메시지를 듣게 될 것이다. 내면의 천재성은 들으려는 자에게 직접적인 도움을 선사한다. 우리가 누군가를 돕고자 할 때 그 누군가가 계속해서 우리의 이야기를 무시한다면, 우리는 더 이상 그를 도우려 하지 않을 것이다. 내면의 천재성은 우리가 성공의 카르마를 어서 깨닫기를 바란다. 메시지를 들어주기를 바라며 뒤편에서 서성거리고 있다. 그 소리에 귀를 기울일 시간이다.

성공지침 ③

1. 고도의 육감을 듣게 되면 즉각 행동으로 옮기자.
2. 셰리 메이플스처럼 본능을 믿고 옳다고 믿는 대로 행동한다.
3. 이런 과정을 반복한다.
4. 고도의 육감을 제대로 존중하기 시작했을 때 어떤 일이 일어나는지 기록한다.

8장

자존심을 멀리하라

자존심의 근원   내면의 천재성의 근원

나에게 동기를
부여하는 것

| 내가 두려워하는 것 | VS. | 내가 아는 것 |

| 내가 아는 것 | | 내가 두려워하는 것 |

표11 자존심 VS. 내면의 천재성

자존심은 두려움에, 내면의 천재성은 믿음에 뿌리를 둔다.

자존심을 조절하는 법

벤처캐피털에서 일한 지 3년 후, 나는 하염없이 흔들리는 나를 목격했다. 업무 중에 갑자기 화가 났고, 그래서 그만 울음을 터뜨리고 말았고 결과적으로 병에 걸리고 말았다. 나는 나처럼 신경쇠약 증세를 목격한 친구 둘과 나 자신에게 6개월 안에 일을 그만두고 떠나겠다고 강력하게 선언했다.

돌이켜보면 나는 단순히 회사나 업무에 화가 난 것이 아니었다. 그러나 당시에는 그렇게 굳게 믿고 있었다. 여러 해가 지난 지금, 나는 내 분노의 대상이 나 자신이었다는 것을 이해하게 되었다. 나는 금전적인 성취가 가진 허상을 좇느라 기술 분야에서 10년간 일하며 내 진정한 꿈을 미뤄왔다. 나의 내면의 천재성은 기다림에 지치고 말았다. 그것이 화가 된 것이었다.

하지만 그것은 내면의 천재성의 메시지였을까? 아니면 나의 자존심 때문이었을까? 계속해서 의문이 따라왔다. 내가 성숙하지 못한 사람이라서, 회사의 성장을 위해 필연적으로 뒤따르는 괴로움에서 도망친 게 아니었을까? 이건 결국 자기 파괴적인 행동이었나? 이것이 나의 자존심인지는 어떻게 알 수 있을까?

자존심이 어떻게 작동하는지 살펴보자. 삶을 한 편의 영화라고 상상해보라. 당신은 영화의 주인공이고, 당신의 삶이 펼쳐지는 드라마에 뒤따르는 조연들의 특질을 가지고 있다. 당신의 자존심은 그 영화의 감독이다. 작품이 유명해지기를 바란다. 자존심은 이렇게 생각한다. "좋아. 이 영화가 유명해지려면, 상을 많이 받고 돈도 많이 벌어야 해. 블록버스터 영화가 되면 좋겠어." 그래서 자존심은 관객에게 인정받는 것을 목표로 각본을 쓴다. 드라마의 스케일을 벌리고, 유명인들을 섭외하고, 인상적인 액션 장면도 추가한다. 현실에서 자존심이 책임을 맡아도 같은 일이 벌어진다. 자존심은 자신의 삶이 중요해지기를 바란다. 따라서 다른 사람들의 인정을 받는 것을 중심으로 방향을 잡는다. 스케일을 키우고, 유명인에 집착하고, 높은 사회적 신분이 가진 상징을 믿는다. 자존심은 자신의 삶을 다르게, 한층 더 좋게, 특별하게 만들 수 있다면 무엇이든 한다. 한마디로 자존심은 중요해지기를 원한다. 우리가 하는 일 중에서 '나!'의 존재감을 나타내는 게 무엇이든 언제나 자존심이 움직이는 것이다. 우리는 이것을 직장에서 명확히 확인할 수 있다.

모든 건 인정에서 시작된다

누구나 자존심이 센 동료 하나 정도는 알고 있을 것이다. 틀렸을 때도 인정하지 않고, 의견을 받아들이지 못하고, 다른 사람 말을 듣지 않는다. 미친 듯이 날뛰도록 내버려 두면 그 자존심은 머지않아 무능력을 부르게 된다. 기술 분야는 호황과 불황의 급속한 순환으로 거대하게 부풀어진 자존심을 낳고는 했다. 그 자존심은 무너지고 말았다. 내가 초창기에 일했던 회사의 이야기다. 그 회사는 투자자들에게 7억 5,000만 달러에 인수를 제안받았다. 회사의 창업자는 10억 달러 정도는 받아야 마땅하다고 믿었고 최종적으로 거절했다. 업계의 흐름이 급속도로 바뀌고 있을 무렵이었다. 몇 년 후, 그는 투자자들에게 받은 것보다 훨씬 적은 금액인 1억 5,000만 달러를 가까스로 긁어모아 회사를 매각했다. 그는 자존심 때문에 지나치게 욕심을 부렸다.

자존심이 삶을 블록버스터로 바꾸고자 한다면, 내면의 천재성은 그와 사뭇 다른 항로에 있다. 내면의 천재성은 세계의 경이로움을 포착하는 다큐멘터리를 만들고 있다. 각본도 없고 등장인물도 없다. 당신은 영화에 가끔 등장하지만, 줄거리는 당신을 중심으로 돌아가지 않는다. 내면의 천재성은 작품이 성공하든 아니든 개의치 않는다. 오히려 내면의 천재성은 촬영이 진행되면서 무엇이 전개되는지를 확인하기 위해 참을성 있게 기다린다. 상이나 찬양, 돈에는 신경 쓰지 않는다. 중요한 것은 배움과 발견과 창조다. 현실에서 내면의 천재성이 책임을 맡아도 똑같다. 서두르지도, 증명하지도, 비교하지도 않고 행동한다. 내면의 천재성은 삶의 사건들이 유기적으로 펼쳐지기를 차분히 기다린다. 영웅도 아니고 희생자도 아니다. 드라마나 배신은 없다. 자신의 특별함과 독특함을 정당화할 필요도 없다. 우리가 하는 일 중에서 자존심의 중요성을 사라지게 하는 것은 무엇이 되었든 간에 내면의 천재성이 작동해 생기는 좋은 일이다.

직장에서 내면의 천재성이 작동하는 경우, 우리는 어떤 방식으로 보게 될지 생각해보자. 신뢰를 주고 힘이 되어주는 동료를 본 적이 있는가? 심리적 안정감을 주는 회사를 본 적이 있는가? 다른 직원들과 더불어 진정한 자신의 모습이 되도록 격려받아본 적이 있는가? 사무실에서 내면의 천재성은 이런 말을 한다. "당신 말이 맞겠네요." "의견 고마워요." "내가 어떻게 하면 당신에게 힘을 실어줄 수 있을까요?"

자존심과 내면의 천재성 사이의 근본적인 차이에 대해서는 다음과 같이 생각해볼 수 있다.

변화와 진정성, 즐거움, 직관에 관한 4가지 성공 연습이 내면의 천재성의 자질이라는 점에 주목해보자. 나는 4가지 성공 연습을 실천하고, 내 결정이 진정한 성공의 본질과 일치하는지 확인한다. 그래도 혼란스럽다면, 다음 페이지의 표처럼 더 폭넓은 목록을 훑어보면서 내 선택이 어느 쪽 열에 주로 해당하는지 확인한다. 불안에 가득 찬 상태로 벤처캐피털을 그만둘 결심했을 때 이런 방법을 실천했다면 더 좋았을 것이다.

붓다가 어느 작은 마을의 사람들과 이야기하기 위해 여러 날에 걸쳐 여행했다는 이야기가 있다. 붓다는 종종 그런 여행을 떠났지만, 이 여행은 달랐다. 붓다가 마을에 도착했을 때 무리에 있던 젊은 남자 하나는 그

자존심	내면의 천재성
머리에 바탕을 둔다	마음에 바탕을 둔다
두려움	즐거움
실용적	직관적
반응이 빠르다	참을성 있다
틀림없기를 바란다	평화를 바란다
구성된 정체	진정한 정체
통제와 확실성이 필요하다	미지의 것을 받아들인다
변화를 두려워한다	변화는 자연스러운 것임을 안다
실패를 두려워한다	실패에서 배운다
나에게 초점을 맞춘다	사람과 연결되어 있다
다른 사람의 생각에 신경 쓴다	진실과 선량함에 신경 쓴다
흥분되어 있다	평온하다

진정한 성공의 토대
〈자존심 VS. 내면의 천재성〉

에게 잔뜩 화가 나 있었다. 그는 붓다에게 소리쳤지만, 붓다는 남자를 무
시한 채 다른 청중에게 이야기를 계속했다. 그러자 남자는 더욱 화가 나
서 붓다의 앞에 서서 호통쳤다.

"당신은 사기꾼이야, 가짜라고! 사람들을 가르칠 권리가 없어!"

모여 있던 사람들은 매우 화가 났다. 모두가 소리를 지르고 있었다.

남자가 붓다에게 소리치는 동안 마을 사람들은 남자에게 외설스러운 말을 퍼부었다. 모두가 흥분했다. 즉, 붓다를 제외한 모든 사람이 동요했다. 붓다는 차분하게 젊은 남자를 향해 물었다.

"자네가 누군가를 위해 선물을 샀는데, 그 사람이 받지 않으면 그 선물은 누구의 것인가?"

남자는 허를 찔렸지만, 재빨리 생각해보았다. 답은 뻔했다.

"물론 선물은 내 것이지. 내가 샀으니까."

붓다는 사랑과 애정이 담긴 눈빛으로 남자를 보다가 말했다.

"맞네. 자네가 화내는 것도 이 상황과 마찬가지일세. 자네는 내게 화를 냈지만, 내가 거기에 반응하여 흥분하지 않으면 화는 다시 자네에게 가는 걸세. 자네는 자신에게 상처를 준 것 말고는 한 일이 없네."

젊은 남자는 멈칫하더니 이내 시선을 떨구고, 붓다의 말에 담긴 진리를 인정하는 뜻으로 고개를 숙여 인사하고는 집으로 돌아갔다.

직장을 그만두기로 했을 때 나는 그 젊은 남자와 다를 바 없었다. 나의 세계와 자존심은 잔뜩 화가 났고 내가 부당한 취급을 받았다고 확신했다. 나는 내 삶이라는 영화에서 거창한 드라마를 만들어 내는 블록버스터 감독이었다. 나는 나 자신을 동정과 자기연민이 가득한 주인공으로, 내가 일했던 회사는 사악한 악당으로 설계했다. 나는 기분이 상했던 모든 일과 사건에 대해 분노하고 있었는데, 막상 현실에서 그 분노는 오직 나에게만 돌아오고 있었다. 잘 생각해보면 회사는 나에게 잘 대우해주었다. 내가 남기를 원할 뿐이었다. 나는 떠나고 싶은 나의 욕구를 정당화하는 방법으로 화를 낼 만한 이유를 생각해냈다. 나는 내 선택의 책임을 질수가 없었기에, 다른 사람의 잘못으로 만들 방법을 찾은 것이었다.

나와 자존심의 개인적 투쟁은, 앞의 다섯 번째 항목인 틀림없기를 바란다는 특징에 관한 것이었다. 나는 독단적인 존재가 되어 다른 사람들이 내 기대에 미치지 못할 때는 그들에게 악당이라는 꼬리표를 붙였다. 나의 내면의 천재성은 나에게로 반드시 되돌아오는 원치 않는 선물, 분노를 놓아주는 방법을 배울 수 있도록 나를 돕고 있었다. 나는 내 삶에 평화가 깃들 자리를 만드는 방법을 지금도 배우고 있다.

자존심과 내면의 천재성. 나는 이제 내가 어느 쪽에 있는지 스스로 물을 수 있는 어휘와 자각이 있다는 것이, 그래서 적어도 내가 어느 쪽인지 알 수 있음에 감사하다. 당신도 마찬가지다. 너무 오랫동안 자존심만 가지고 살아서, 내면의 천재성이 그리운가? 내면의 지혜에 연결하는 좋은 방법은 내면의 천재성의 관점에서 자신에게 편지를 쓰는 것이다. 이는 우리가 자기중심적인 생각에 사로잡혔거나, 앞으로 나아가는 과정에서 길을 잃었을 때 효과적인 해결책이다. 나에게 쓰는 편지는 다음과 같이 간단하다.

1. 먼저 고요와 고정과 고독의 3가지 요소를 활성화하고 혼자만의 조용하고 편안한 공간을 찾는다. 촛불을 켠다.
2. 96쪽의 표를 되새기면서 내면의 천재성이 가진 자질들과 다시 연결한다.

3. 직관에 귀를 기울이고, 내면의 천재성에게 가장 급한 질문을 한다.

4. 의식의 흐름 기법으로 글을 쓰며 내면의 천재성으로서 답한다.

5. 어떤 내용이든, 어떤 메시지든, 길든, 짧든 상관없이 당신이 쓰는 것은 무엇이든 완벽하다.

그것이 바로 당신에게 필요한 메시지다.

성공지침 ④

1. 자신을 화나게 하거나 불쾌하게 만드는 사람·상황을 떠올려보자.

2. 이제 당신의 자존심에게 그 상황을 처리하라고 하면 어떤 일이 벌어질지 상상해본다.

3. 이번에는 내면의 천재성을 가지고 똑같이 해보자.

4. 내면의 천재성에 연결되는 데 어려움을 느낀다면 이렇게 해보자.

5. 내가 '달라이 라마라면 어떻게 했을까?'라고 자문한다.

6. 달라이 라마의 편안하고 관대하며 넉넉한 성품을 떠올린다.

7. 그렇게, 내면의 천재성에 다가가기에 적합한 마음을 갖는다.

카르마의
선물 ②

성공하고 싶다면,
내면을 위한 시간을 내라

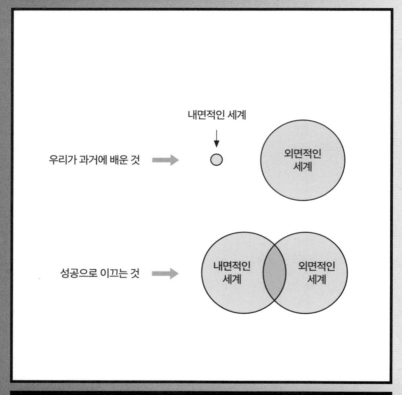

표12 삶의 균형을 찾아서

성공의 비결은, 외면만큼이나 내면을 중시하는 방식으로 사는 것이다.

내면을 위한 시간

지금까지 우리는 성공 전략 1단계인 '내면세계를 탐구하기'를 활용하기 위해 알아야 할 것들을 다루었다. 이 과정에서 '고요, 고정, 고독' 3가지 요소와 '위빠사나 매혹', '성격 검사', '고도의 육감', 그리고 '자존심을 작동시키는 것'이 무엇인지를 배웠다. 우리는 또한 내면을 알아보고 진정한 성공을 마주하고 싶을 때 언제나 다시 해볼 수 있는 4가지 성공 연습도 실습해보았다.

이제 무엇을 할까? 만약 지난 장들에서 오직 하나만을 가져간다면, 이것을 선택하라. 우리는 외면적인 것뿐만 아니라 내면적인 것에도 시간을 들이기로 다짐해야 한다. 외면적인 것은 쉽다. 삶의 일상적인 기법을 통해 충분히 얻을 수 있다. 일하고 음식을 먹는다. 사랑하는 사람들을 만난다. 외면적인 일은 물리적이고 실체적인 세계에서 자동주행하듯이 발생한다.

그보다 훨씬 더 어려운 것이 바로 내면을 위해 시간을 내는 것이다. 하지만 이제는 내면의 세계를 우선시하는 것이 얼마나 중요한지 알게 되었다. 그 안의 조용한 공간이 내면의 천재성이 번성하는 곳임을 이제 알고 있다. 또한 내면의 천재성이 보내는 메시지가 들릴 수 있도록 고요와 고정과 고독, 3가지 요소를 유지하는 것이 자기 인식과 더불어 얼마나 중요한지도 이해하게 되었다. 마지막으로 그 메시지에 귀를 기울이고 메시지를 촉진하는 방법도 배웠다. 이제 여기까지 끝났으니, 무엇을 하겠는가? 우리는 어떻게 앞으로 나아가서 성공의 카르마를 만들어 낼까? 우선, 우리는 내면을 탐구하기 위한 확언으로 시작할 것이다. 확언은 의도적으로 생각의 방향을 지시하도록 해주는 짧은 진술이다. 부정적인 생각의 악순환에 갇혀서 빠져나올 다른 길을 만들어야 할 때 내가 활용하는 방법이다. 확언의 기초가 필요할 때마다 공책에 여러 번 쓰거나 독백으로 말할 수 있다. 각각의 자기확언은 앞선 4장 중 하나씩을 나타낸다.

> **확언 ①** 나는 날마다 고요와 고정과 고독을 위한 시간을 낸다.
> **확언 ②** 나는 자신에 대해 끝없는 호기심을 가지고 자기 인식을 함양
>   한다.
> **확언 ③** 나의 고도의 육감에 귀를 기울인다.
> **확언 ④** 나는 내면의 천재성과 자존심을 구분한다.

1단계 성공 전략에 숙달하기 시작하면 자신이 혼자만의 시간을 더 많이 보내면서도, 이 고독을 징벌이나 하기 싫은 일로 받아들이지 않는다는 사실을 깨달을 것이다. 시각을 바꾸어 우리는 가장 좋아하는 사람과 시간을 보내게 되었다고 생각해보자. 나보다 나를 깊이 아는 사람은 아무도 없다. 내면세계의 정신으로 들어가는 생산적이고 즐거운 방법은, 치료사가 말해준 것을 하고 매주 '나와의 데이트'를 하는 것이다. 혼자서

재미있는 것을 해보자. 그리고 데이트하는 중이나 집에 돌아왔을 때, 내 면세계를 함양하는 동안 떠오른 모든 통찰과 감정과 생각들을 일기장에 기록해둔다. 우리의 성찰은 보물과 같고 보존될 가치가 있다. 이번 주 첫 번째 '나와의 데이트'에서는 무엇을 하겠는가?

1부와 2부에 걸쳐서 우리 안에 있는 놀라운 내면세계를 알리고, 탐구하고, 받아들인 지금, 내가 당신이 어떻게 느끼기를 바라는지를 축약하는 마지막 확언을 소개하겠다.

> **확언 ⑤** 나는 나 자신을 사랑한다. 나는 나에게 가장 좋은 동반자다.

바로 여기 있다. 여기에 당신이 있다. 당신은 도착했다.

THE KARMA OF SUCCESS

성공 전략 2단계

진정한 성공을
만날 준비하기

9장 언제든지 만날 수 있는 멘토를 찾아라

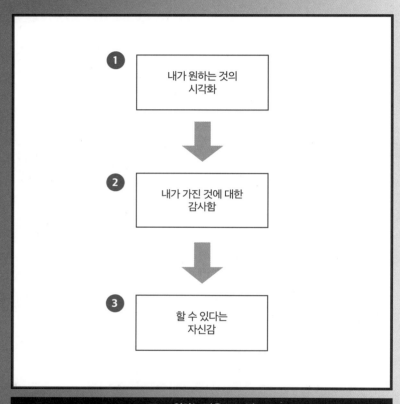

1. 내가 원하는 것의 시각화

2. 내가 가진 것에 대한 감사함

3. 할 수 있다는 자신감

표13 원하는 것을 보는 법

마음에서 믿는 것과 현실로 나타나는 것은 다르지 않다.
우리는 원하는 것을 바라볼 수 있다.

미래를 보는 사람들

지금까지 나는 나의 내면세계에 관해 많은 이야기를 했다. 내가 내면의 여정을 추구하는 동안 마음을 시끄럽게 했던 의문점과 두려움과 직관을 공유했다. 하지만 나 혼자 그 모든 일을 해냈다고, 이 책을 읽고 있는 당신이 생각했다면 그건 내가 부주의했던 탓이다. 내 인생의 수호천사처럼 나타나 정확한 지혜를 주고 지지해준 많은 사람들이 있었다. 또는 힘든 시기에 나에게 가장 필요했던 우정을 보여준 사람들도 있었다. 나는 진정한 성공, 성공의 카르마로 향하는 여정에서 만났던 아량이 넓은 사람들에 관해 끝없이 이야기할 수도 있다. 하지만 지금 이야기하고 싶은 사람은 지난 7년간 만난 적 없지만 늘 생각나는 사람이다.

　　내가 샘을 처음 만난 것은 아쉬탕가 요가 수업이 끝난 후였다. 내가 문밖으로 나설 무렵, 그가 내 생일을 물어보았다. 우리는 열 살 차이였지만, 수비학의 개인 연도로 보았을 때는 1년 차의 중반기에 있었다. 우리는 우연의 일치를 발견하고 웃음을 터뜨렸고, 새로운 주기를 시작하면서 겪는 어려움과 실수를 나누며 유대감을 형성했다. 함께 식사하면서 그는 그만이 할 수 있는 이야기를 해주었다. 그의 어머니는 열네 살에 그를 낳았고, 그로부터 9년 후에 돌아가셨다. 겨우 스물셋이었다. 그때 샘은 고작 아홉 살이었다. 그렇게 샘은 조부모님 밑에서 살게 되었다. 사랑받고 크진 못했지만, 그에게는 탈출구가 있었다. 샘은 재능 있는 운동선수로 전액 장학금을 받고 대학에 입학할 기회를 얻었다. 하지만 고등학교 졸업 직전에 다리를 다치고 말았고, 하룻밤 사이에 장학금과 대학 진학의 길이 사라져버렸다.

내가 샘을 처음 만났을 때 샘은 번창하는 사업체를 세 곳이나 소유한 성공한 사업가였다. 우리가 만난 요가 스튜디오도 그중 하나였다. 그는 요가와 서핑, 건강식, 교육에 대한 열정으로 수익을 내고자 시도했고, 만족스러운 결과를 얻었다. 나와 비슷한 환경에서 시작해 자신이 진정으로 원하고, 즐기는 방식으로 진정한 성공을 이루어가는 사람을 만난 것은 처음이었다. 당시 나는 나의 회사, 리셋을 창업하지 않은 상황이었다. 그 시기의 나는 '나와의 데이트'를 계속하면서 내가 누구인지 알아내기 위해 노력하고 있었다.

날마다 기적처럼 보이는 모든 일에 감사했다. 나는 할 수 있는 일이 있었고, 안정을 찾아가고 있었으며 유년 시절이 주는 혼란스러운 소용돌이에서 가까스로 빠져나올 수 있었다. 그럼에도 나는 행복하지 않았고,

성취감을 느끼지도 못했다. 샘은 현실 세계에서 마주한 나의 첫 롤모델이었다. 그가 하는 일은 수익성은 물론이고 의미도 있었으며, 과거의 실패와 가난에 영향을 받지 않고 이루어낸 것이기 때문이다. 그가 할 수 있다면 나도 할 수 있을 것 같다는 생각이 들었다.

나는 샘에게 어떻게 원하는 성공을 만날 수 있었는지 물었다. 그는 경영대학원에 가지도 않았고, 기업을 경영해본 경험도 없었다. 샘은 탁자에 포크를 내려놓더니 진지한 표정을 지었다. 그는 성공하는 데 필요한 것은 단 2가지라고 말했다.

① ALWAYS 모든 장애와 약점을 고려한, 견고하고 보수적인 사업 계획이 있어야 한다. 사업을 시작하기 전에 그 주제에 관한 책을 많이 읽고, 1년은 조사에 전념하면서 사업 계획을 세운다.
② BELIEVE 마음에서 믿는 것과 현실로 나타나는 것은 다르지 않다. 집중하고 상상하는 모든 것이 결국은 현실에서 일어날 것이다.

샘은 현시顯示를 이야기하고 있었고, 나는 사업가가 그런 이야기를 하는 것은 처음 들어보았다. 샘을 만나기 전에 나는 내가 거둔 소박한 성공이 열심히 일한 결과이기도 하지만, 예측 불가능한 우주의 우연에서 비롯되었다고 생각했다. 내 행운이 설명할 수 없는 방식으로 찾아왔듯이, 내가 자신을 위해 만든 삶도 허무하게 빼앗길 수 있다고 믿었다. 내가 그날 샘에게 배운 것은 삶을 이해하는 방식이 또 하나 있다는 것이었다. 내 운명의 책임자는 바로 나. 단지, 내가 생각만 바꾼다면 내가 원하는 미래를 보장할 수 있었다.

지극히 단순화해서 말하자면 현시는 '무엇이든 집중하면 현실이 된다는 생각이다.' 우리는 생각만으로 무엇이든 창조할 수 있다. 믿으면 나타난다.

"저는 아주 특이한 재능이 있어요. 현시에 관한 재능이에요."

팝스타 아리아나 그란데는 이렇게 말했다. 그녀는 현시를 처음 경험한 이야기를 담은 노래 '저스트 라이크 매직'의 가사*를 직접 쓰기도 했다. 네 살짜리 꼬마 아리아나 그란데는 유니버설 스튜디오에 전화해서 상담원에게 니켈로디언 채널의 출연 오디션을 볼 수 있는지 물어보았다. 13년 후, 그녀는 그 채널이 송출하는 프로그램의 주인공 역할을 맡았다.

음악계의 또 다른 스타인 드레이크는 큰 성공을 거두기 전, 롤스로이스를 빌리는 데 매달 5,000달러를 썼다. 매달 빌릴 때마다 가까스로 그 돈을 모으기는 했지만, 금방 성공할 것이라고, 그것도 압도적으로 성공할 것이라고 자기 자신과 다른 사람에게 확신을 주는 나름의 방법이었다. 드레이크는 이런 도박을 '현시의 극단적인 방식'이라고 설명했다. 15년 후, 드레이크의 매니저는 대여 비용을 마련하느라 고군분투했던 바로 그 롤스로이스를 찾아내서 그에게 선물했다. 그는 그 선물을 보고 "현시가 완성된 것"이라고 말했다.

---

*   Just like magic, Positions, Ariana Grande, 2020

샘의 말이나 다른 이야기들에서 보이는 것처럼 현시는 아주 쉽게 마법처럼 일어나는 것일까? 우리도 값비싼 차를 빌리거나 낯선 사람에게 오디션을 요청해야 할까? 현시를 옹호하는 사람들의 말처럼 이 세상은 그저 우리가 원하는 꿈을 고르기만 하면 배달되는 주문서 같은 것일까?

대답은 예스(Yes)이거나 노(No)이다. 현시는 마법이 아니다. 아리아나 그란데의 말처럼 운 좋은 사람들에게만 선물처럼 주어지는 재능도 아니고, 선택받은 소수를 위한 신비한 비밀도 아니다. 시간과 공간을 변형하거나 차원을 구부리는 일 역시 아니다.

현시는 사실 너무나도 현실적이어서 일상적이고 평범하며 원하는 사람이라면 누구나 다가갈 수 있다. 난해한 암호로 잠금을 풀거나 특별한 기술을 타고나야 하는 것도 아니다. 비전 보드를 만들거나 하루에 33번씩 목표를 적을 필요도 없다. 또한 감당하기 어려운 값비싼 자동차를 빌리느라 파산할 필요도 없다. 우리에게 들리는 소비지상주의적 메시지들과는 달리 내면 탐구에는 돈을 쓰거나 물건을 사는 일이 필요하지 않기 때문이다.

이 책에서 나는 내면 탐구의 한 부분으로 여행을 가거나 묵상 수련회에 참가하는 특권을 누린 일을 몇 차례 언급했지만, 그런 경험이 진정한 성공을 위한 필수적인 요소는 아님을 분명히 밝히고 싶다. 사실 여기서 배우게 될 현시의 과정을 위해 필요한 것은 오직 일기장과 펜과 풍부한 내면세계가 전부다.

그렇다. 공책에 글을 쓰는 것처럼 간단한 일로 우리의 모든 꿈이 이루어질 수 있다. 다음 장부터는 특별하게 일기 쓰는 법을 배우고, 그것을 매일 실천하고 그를 바탕으로 우리 뇌의 회로를 다시 연결하는 일을 할 것이다. 자신에 대해, 자신의 능력에 대해, 그리고 주변 세계에 대해 생각하는 방식을 본질적으로 바꾸려고 한다.

우리가 원하는 것을 얻지 못하게 가로막아왔던 낡고, 패배적인 양식을 다시 프로그래밍하는 것이다. 우리는 건강한 마음을 세워서 현시를 이룰 것이다. 이제는 원하는 모든 것을 얻을 때다. 그저 자신이 받아야 마땅했던 대우를 자신에게 해주기만 하면 된다.

10장 최대한 빠르게 성공하려면

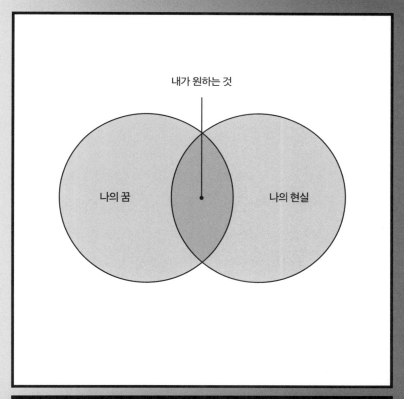

내가 원하는 것

나의 꿈

나의 현실

표14 성공은 내가 원하는 것을 원할 때 온다

성공은 내가 원하는 것을 원할 때 온다.
구하지 않는 것은 절대로 얻지 못한다.
자신의 꿈을 세상에 큰 소리로 선포하라.

• • •

붓다가 붓다이기 전, 그도 우리와 다를 바 없는 사람이었다. 전설에 따르면 그는 부유한 왕자 고타마 싯다르타로 태어나 거친 세상에서 격리되어 살다가 스물아홉 살이 되어서야 처음으로 가난과 노년과 질병을 마주했다. 그 자리에서 싯다르타는 머리를 자르고, 옷을 승려의 예복으로 바꾸고, 자신의 지위와 부를 버리고 모든 존재들의 고통을 끝내는 데 자신의 삶을 바쳤다. 그는 하루에 쌀 한 톨만을 먹다가 나중에는 아무것도 먹지 않으며 뼈만 앙상하게 남을 때까지 금식해보고, 결핍은 지혜로 통하는 길이 아니라는 것을 깨달았다. 6년간의 방황과 명상 끝에 그는 보리수 아래에 앉아서 깨달음이나 죽음, 어느 한쪽에 이르기 전에는 일어나지 않기로 했다. 7주가 지난 후, 서른다섯의 나이로 싯다르타는 마침내 열반에 이르러, 우리 인간이 겪는 죽음과 재탄생과 고통이 끝없이 순환하는 윤회에서 자신을 해방시켰다. 붓다는 인간이었기에 모두가 자신처럼 깨달음에 이를 수 있다는 것을 알았다. 그의 사명은 누가 되었든 간에 과거나 현재에 상관없이 붓다의 본성과 깨달음에 이를 잠재력을 가지고 있다는 메시지를 전파하는 것이었다.

하루는 붓다가 어느 마을에 설법說法을 전하러 갔다. 그곳에서 붓다는 의심이 많은 사람을 만났다.

"모두가 깨달음을 얻을 수 있다고 하는데, 그것이 사실이라면 왜 우리는 모두 깨달음에 이르지 못한 겁니까?"

붓다는 미소를 짓더니 답을 하는 대신, 그에게 간단한 과제를 내주었다.

"마을 사람들의 명단을 만들고, 이름 옆에 그들이 가장 바라는 것을 적어보게."

"쉽지요."

며칠 후, 그는 자신의 재빠른 행동에 만족스러워하며 명단을 가지고 붓다에게 돌아왔다. "말해 보게, 그 명단에서 깨달음을 구하는 사람이 몇 명인가?"

붓다가 물었다. 그 사람은 명단을 살피다가 이웃들이 황소와 재물과 더 넓은 집만을 구할 뿐, 깨달음을 바라는 사람은 단 1명도 없다는 것을 알았다.

"없습니다."

그는 붓다의 눈을 피하며 대답했다.

"나는 모두가 깨달음을 얻을 수 있다고 말하지만, 아무도 깨달음에 이르고 싶어 하지 않는구나. 바라지도 않는 것을 어떻게 얻을 수 있겠는가?"

붓다는 이어 말했다.

"마을 사람들이 깨달음을 구하지 않는 것은 스스로 깨달음에 이를 만한 자격이 없다고 생각하기 때문이네. 이 생각이 바뀌어야 하네. 깨달음을 원한다면 그것이 가능하다고 생각해야만 하네." 붓다의 말을 듣고 있던 남자는 대단한 무언가를 성취하려면 먼저 그것을 열망해야 하고 그 다음으로는 자신이 그럴 만한 자격이 있다고 믿어야 한다는 사실을 알게 되었다.

당신이 꿈을 이루면, 도움을 받는 사람들이 생긴다

당신은 어떤가? 진정으로 원하는 것을 구한 적이 있는가? 없다면, 잠시 이유를 생각해보자. 마을 사람들처럼 진정으로 열망하는 것 대신 가능하다고 생각하는 것을 구했기 때문일까? 직업과 관련해서 진정으로 원하는 것은 깨달음인데, 실용을 위해 기계적으로 황소를 원한다고 말하는 것은 아닌가? 진정으로 갈망하는 것은 의의인데 승진에 안달하는 것은 아닌가? 우리가 진정으로 원하는 것을 인정하는 게 두려울 수 있다. 이루어질지 확신할 수 없는 꿈에 희망을 거는 것은 두려운 일이다. 그래서 우리는 애초에 바란 적도 없다는 듯이 굴면서 좌절에 빠지지 않도록 자신을 보호하려는 것이다. 이런 자기방어 기제는 효과가 없다. 우리가 의식적으로 인정하든 아니든, 우리의 꿈은 지속된다. 꿈은 우리가 밀어낼 때도 마음의 뒤편에 숨어서 기다린다. 꿈이 사라지기를 바라는 대신 그것을 인정하고 행동을 취하는 편이 낫지 않은가? 꿈을 억압하든, 꿈에 따라 행동하든 다치는 것은 불가피하다. 하지만 오직 행동만이 위대한 행복의 가능성도 함께 품고 있다.

때로 우리는 꿈을 외면하면서 어리석고, 이기적이거나 탐욕스러운 꿈이라고 자신을 설득하기도 한다. 우리는 스스로 '내가 가진 것도 아무런 문제 없이 좋은데, 내가 뭐라고 더 바라겠는가.'라고 생각한다. 이러한 죄책감을 해결하는 데 유용한 방법은 내가 꿈을 이루면 다른 사람들에게 어떤 도움으로 작동할지를 생각해보는 것이다. 모든 개인적 꿈에는 세상을 더 좋은 곳으로 만들겠다는 열망이 반드시 포함되어 있다.

내가 진행하는 팟캐스트에서 내가 바라는 성공은 유명한 초대 손님을 출연시키거나 어마어마한 조회 수, 구독자 수를 기록하는 것이 아니다. 그것은 가짜 성공이다. 그저 순전히 최대한 많은 사람이 잠재력을 발휘할 수 있도록 돕는 것, 그것이 내가 생각하는 진짜 성공이다. 한 회를 녹음하려고 앉을 때마다 나는 먼저 눈을 감고 명상한다. 세계 곳곳의 멋진 청취자들과 그들 내면의 천재성에 사랑이 담긴 에너지를 보내는 상상을 한다. 팟캐스트는 내가 봉사를 근간으로 꿈을 추구하는 방식 중 하나다.

꿈을 갖는 것은 이기적인 일이 아니다. 사실 꿈은 우리 인간 존재의 자연스러운 부분이다. 우리 조상들은 더 나은 세상을 꿈꾸며 받은 영감에 힘입어 불로 요리하고, 곡식을 심고 압제자들에 맞서 봉기할 수 있었다. 꿈은 숨 쉬는 것만큼이나 삶에 필수적이며, 꿈을 무시하는 것은 타고난 에너지와 자신감과 생명력을 좀먹는 일이다. 신중하게 현시하는 첫 단계인 '시각화'를 살펴보면서 우리는 꿈과 친해지는 방법을 배우고, 그렇게 함으로써 실패를 예상하는 두려움에서 깊은 위안이 되는 삶의 부분으로 꿈을 변화시킬 것이다.

성공을 만나는 첫 번째 방법: 시각화

시각화는 원하는 것을 그려보는 단순한 행동이다. 백일몽을 꾸거나 상상력을 발휘하는 것과 똑같다. 그게 전부다. 믿을 수 없이 쉬우면서도 강력하다. 이는 독특하게 설계된 우리 뇌의 특징에서 비롯한다. 우리의 머리는 사실 실제 활동과 상상 활동을 구분할 수 없다. 따라서 어떤 상황을 상상해보는 것만으로도 뇌는 그것이 실제로 일어나고 있다고 믿는다. 암벽을 등반하는 영상만 봐도 고소공포증이 발생하고, 암 환자가 종양이 줄어든다고 상상하면 면역 기능이 향상되고 삶의 질도 높아지는 경험을 하는 것이 바로 그런 이유 때문이다. 정신과 신체는 따로 떨어져 있지 않다.

경기력이 뛰어난 운동선수들은 수십 년 동안 이 사실을 잘 알고 있었다. 동독 올림픽 대표팀은 1960년대에 시각화 훈련을 활용하기 시작했고, 1970년대에는 미시간대학교의 풋볼팀이 기술에 관한 책을 읽었다. 요즘에는 모두가 시각화를 실천한다. 수영계의 챔피언이자 올림픽에서 가장 많은 메달을 딴 선수인 마이클 펠프스는 몇 달 전부터 미리 머릿속으로 경기를 그려본다. 그는 공기 중에 섞여 있는 소독약 냄새와 헤드폰에서 흘러나오는 음악에 이르기까지 세세한 사항을 모두 상상한다. 그는 가운을 벗고 미끄러운 출발대에 올라서는 자신의 모습을 떠올린다. 그리고 손과 발의 움직임 하나하나를 상상하면서 우승으로 마무리할 때까지 경기를 머릿속으로 몇 번씩 치른다. 실제 경기가 닥쳐도 차분하고 자신감이 넘친다. 이미 머릿속에서는 100번은 이긴 경기였기 때문이다.

우리가 무엇을 생각하는지는 중요하며 우리의 생각은 소중한 자원이다. 평균적으로 우리는 하루에 6,000여 가지 생각을 한다. 즉, 24시간마다 우리가 목표에 도달하는 것을 상상할 6,000번의 기회가 있다는 뜻이다. 우리는 그 기회를 대부분 낭비해버린다. 목적이 없기 때문이다. 우리가 뇌에 방향을 알려주는 대신 뇌가 우리에게 방향을 지시한다. 생각은 무작위로 드나든다. 우리가 뒷자리에 앉아 있는 동안 불안과 염려가 우리를 뱅글뱅글 도는 순환도로로 몰고 간다. 걱정으로 가득 찬 생각을 모조리 승리의 비전으로 바꾼다면 어떤 일이 일어날지 상상해보라. 성공하는 사고방식을 기본적인 태도로 갖추었다면 우리는 어떤 사람이 될까?

좋은 소식은 우리가 과거에 시각화를 해본 적이 없다고 하더라도 지금 우리는 이미 시각화하는 방법을 완벽하게 알고 있다는 것이다. 알아차리지도 못하는 사이에 우리는 수십 번, 어쩌면 수백 번 시각화를 연습할 기회가 있었다. 이는 시각화가 식당에서 음식을 주문하는 것과 정확히 똑같기 때문이다. 어떤 상황에서는 우리가 종업원에게 먹고 싶은 것을 요청하고, 다른 상황에서는 우주에게 우리의 꿈을 가져다 달라고 요청하는 것이다. 정말로 그렇게 간단하다.

이제 연습해보자. 자신이 음식점에 있다고 상상해보자. 블루베리 팬케이크와 베이컨을 먹고 싶다면 종업원에게 어떻게 말하겠는가? "블루베리 팬케이크와 베이컨을 먹을 수 있을까요?"와 비슷하게 대답했다면, 제대로 한 것이다! 당신이 해냈다. 주문을 잘했으니 음식이 나올 것이다. 꿈을 현시하는 것도 그와 똑같이 쉽고 간단하다. 불행하게도 우리는 대부분 우리의 생각을 반쪽짜리 소원으로 표현한다. 이를테면 "언젠가는 돈을 더 많이 벌고 싶어."라든가 "독립해서 일하면 좋을 거야."라는 식으로 말한다. 음식점에서 이런 식으로 주문하면 어떻게 될지 상상해보자. "뭔가 달콤한 것과 뭔가 짭짤한 것이 좋을 것 같아요, 앞으로 언제든 시간이 잘 맞을 때요." 종업원은 완전히 혼란에 빠지고, 무엇보다도 어떤 음식을 가져다주어야 할지 전혀 알지 못할 것이다. 우리가 원하는 블루베리 팬케이크와 베이컨을 받을 가능성은 거의 없다. 우주에 대해서도 마찬가지다. 구체적으로 요청하지 않는다면 우리가 원하는 것을 어떻게 제공할 수 있겠는가?

지금처럼 좋은 기회는 없다. 이제 함께 시각화를 해보자. 먼저 시간을 내어 고요와 고정 속에 안정적으로 자리 잡는다. 심호흡을 3번 하고, 이 시각화를 만들어 낼 때 동참하도록 내 안의 직관에 요청한다. 다음 몇 분 동안, 앞으로 5년간의 삶을 상상해볼 것이다. 5년 후면 몇 년이 될지, 그때 나는 몇 살일지 생각한다. 이제 원하는 모든 것을 가진 모습을 그려본다. 꿈꾸는 삶을 산다고 상상한다. 그리고 그 삶은 자신이 열심히 일하고, 다른 사람들이 지지해주고, 수많은 행운이 함께 하여 이루어졌다고 생각해본다.

계속해서 5년 후에 완벽한 직업을 가진다고 상상해본다. 그 직업은 무슨 일일까? 근무일은 어떻게 보내게 될까? 돈은 얼마나 가지고 있을까? 무엇을 이루었고, 무엇이 가장 자랑스러운가? 다음으로 주변 환경을 상상해본다. 어디에 살고 있을까? 집에서 가장 마음에 드는 점은 무엇일까? 주변의 사랑하는 사람들은 누구일까? 내 삶에 대한 전반적인 느낌은 어떤 것일까?

아주 즐거운 삶일 수도 있고, 그저 평온한 삶일 수도 있다. 혹은 둘 다일 수도 있다. 마지막으로 나라는 존재로 지내는 것에 대해 어떤 점들이 가장 마음에 드는가? 머릿속에 떠오르는 것은 크든 작든 마음껏 상세하게 채워 넣어 보자. 어쩌면 늘 가지고 싶었던 피아노가 있을 수도 있고, 자신이 세운 자선 재단이 있거나 조건 없는 사랑을 얻었을지도 모른다. 이것은 우리의 비전에 깊이를 더할 기회다.

다 끝낸 후에는 종이 한 장을 꺼내 모든 내용을 적는다. 원한다면 이렇게 시작해도 된다. "5년 후는 __년이고, 나는 __살이다." 그런 다음 현재형으로 모든 것을 술술 흘러나오게 한다. 기록을 마치면 다시 읽어본다. 소리 내어 읽으면 더 좋다. 꿈을 너무 막연하게 썼다는 생각이 들면 다시 돌아가서 정확하고 구체적으로 원하는 바를 진술한다. 예금 계좌에 정확히 얼마가 있는지 금액을 말한다. 어떤 집에 사는지 상세하게 밝힌다. 자신의 비전을 고백하라.

원하면 원한다고 말하라

내가 좋아하는 상사는 언제나 이렇게 말하곤 했다. "원하지 않는 것은 언지 못해." 그의 말이 맞았다. 경력을 쌓는 동안 나는 진정한 나의 욕구를 말하지 않은 탓으로 수많은 기회를 놓치고 말았다. 나는 승진하면서 점점 더 많은 책임을 맡았지만, 그 길은 내가 바라던 일은 아니었고 그저 자동으로 일어나는 일이었다. 내게는 나만의 계획이 없었기에 다른 누군가의 계획에 들어가는 톱니바퀴가 되었다. 샘을 만난 뒤로 나는 언제나 이렇게 말한다. "언젠가 나도 샘처럼 내 일을 좋아하기를 바라. 어쩌면 언젠가 나는 책을 쓸 수 있을지도 몰라." 나는 뭔가 달콤한 것과 뭔가 짭짤한 것을 언제가 되었든 시간이 잘 맞을 때 달라고 요청하고 있던 셈이었다.

팬케이크를 원한다면 팬케이크를 요청하라. 깨달음을 얻고자 한다면 황소를 구하지 말아라. 내가 원하는 바를 말하고 그 점을 분명히 하라.

당신이 종이에 적은 꿈은 확정된 것이 아니라는 것을 잊지 말자. 오늘 바라는 것과 1년 뒤에 바라는 것이 같지 않아도 괜찮다. 삶의 경험이 변하면서 욕구가 진화하는 것은 자연스러운 일이다. 오늘 블루베리 팬케이크를 먹고 싶었다가 내일은 크레페로 바뀌어도 괜찮다.

나무도 한때는 씨앗이었다

나는 웅장한 고목을 볼 때마다 그 나무도 한때는 작은 씨앗이었다고 상상하곤 한다. 잘 생각해보면, 그토록 높고 튼튼한 나무가 그토록 작고 연약한 씨앗에서 나왔다는 것이 믿기 어렵다. 하지만 그런 기적은 언제나 일어난다. 그것은 그저 나무가 하는 일이고 삶의 정상적인 부분이다. 이제 자신의 삶을 생각해보고 나의 꿈이 자라날 때 어떻게 그런 나무와 같은 기적이 가능한지 살펴본다. 자연이 작디작은 도토리에게 거대한 참나무로 자라는 데 필요한 모든 것을 주듯이, 우리의 꿈이 얼마나 멀리 있든 혹은 지금은 전혀 가당치 않아 보인다 해도 우리는 꿈을 실현하는 데 필요한 모든 것을 가지고 있다.

현시 연습 ①

1. 나의 비전을 다듬은 뒤에는 일기장을 꺼내라.
2. 빈 페이지의 맨 위에 '나의 비전'이라고 적은 다음, 모든 것을 쓴다.
3. 종종 꺼내서 읽어볼 수 있게 귀퉁이를 접어서 표시해둔다.
4. 마지막으로 캘린더에 6개월마다 반복되는 일정 알림을 설정해두고, 비전을 수정하는 시간을 갖는다. 이때 원하는 대로 자유롭게 무엇이든 더하고 뺄 수 있음을 유념한다.
5. 나의 비전은 나의 것, 오직 나 혼자만의 것이다.

11장

최대한 빠르게 실패하라

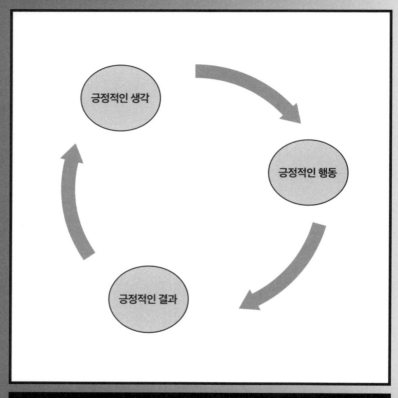

표15 끌어당김의 법칙

무엇이든 내가 집중하는 것은 내 삶에서 증식한다.
세상을 긍정적으로 본다면 긍정적인 결과를 위한 길을 닦는 셈이다.

● ● ●

성공 이전에는 강력한 실패를 맛본다

2019년, 몇 달 동안 나는 한 번에 2가지 일을 진행했다. 하나는 이미 그만둔 벤처캐피털의 업무를 생업으로 삼고, 한편으로는 뉴욕에서 기업 수련회와 자기계발 수업을 주최하는 코칭 스튜디오인 리셋을 창업하기 위해 전력을 다했다. 당시에 나는 잠을 포기했다. 산만하고 신경이 곤두서 있어서 어느 쪽 일도 잘하지 못했다. 마침내 리셋에만 집중할 수 있는 날이 되었을 때 나는 16시간을 자는 것으로 기념했다. 최악의 상황은 지났다고 생각했지만, 사실 샘이 보수적인 사업 계획을 세우라고 말했던 부분은 아직 진행하지 않고 있었다. 따라서 문제는 이제 막 시작되고 있었다. 나의 새로운 사업이 도약하자, 비용 역시 급격히 상승했다. 일주일 단위로 예상치 못한 청구서가 날아왔다. 나는 새로운 음향 시스템이 필요했는데, 그때는 무더운 여름이 시작되던 참이었다. 상업용 냉방 장치를 주문해야 했다. 또 좌석이 불편하다고 불평하는 고객들이 있어서 18m에 달하는 맞춤 쿠션을 구매했다. 몇 달 후, 나는 재정적 위기에 처하고 말았다. 나는 저축한 돈을 모두 털고, 대출까지 했다. 10만 달러를 스튜디오 수리에 투자하고, 맨해튼에서 가장 비싼 지역 중 한 곳의 임대료를 내야 했다. 그와 더불어 예상치 못한 비용들이 계속 발생하면서 나는 1개월에 수만 달러씩 손실을 보고 있었다. 비용을 감당하기 위해 나는 모든 주식을 청산하고 오랫동안 적립한, 조기 수령을 하면 막대한 불이익을 감수해야 하는 퇴직연금까지 정리하고 말았다. 게다가 내가 배운 건강한 재테크 비법과는 정반대로 신용카드 현금서비스로 4만 달러를 인출했다.

단 몇 달 만에 상황이 역전되었다. 14만 달러에 달하는 원금에 계속 발생하는 지독한 이자까지 더한 금액의 빚을 진 신세로 전락했다. 이런 말도 안 되는 상황에 설상가상으로 3만 달러의 세금고지서까지 받게 되었다. 나는 은행과 신용카드 회사와 국세청에 미국인의 1년 치 연봉의 3배에 달하는 돈을 빚졌다. 가장 문제인 건 갚을 만한 방법이 전혀 없다는 것이었다.

빚은 나를 심리적으로, 감정적으로 위태로운 상황에 몰고 갔다. 나는 수십 년에 걸쳐 천천히 가난에서 벗어났다. 나는 내 손으로 나의 인생을 망쳤고, 다시 과거로 돌아갔다고 생각할 수밖에 없었다. 잠에서 깨어날 때마다 자기혐오를 느꼈다. 왜 그렇게 아무것도 모르는 상태로 덤벼들었을까?

내 사업 계획에 대해 왜 그렇게 낙관적이었던 걸까? 도대체 내가 뭔

데 꿈을 추구할 수 있다고 생각했던 걸까? 이 시기에 나는 하루에 최소 14시간씩 일하며 새 고객을 모집하고, 워크숍을 이끌고 코칭을 하는 한편으로 회사에 오는 모든 사람에게 침착하고 안정적으로 보이려고 애썼다. 사실 나는 무너져 내리고 있었다.

나는 노숙인으로 살아가는 꿈을 반복해서 꾸었다. 두 눈 뜨고 은행 계좌를 들여다볼 수도 없었다. 나는 너무 스트레스를 받은 나머지 우편물을 회피했고, 벽장 안에 청구서들을 산더미처럼 쌓아두었다. 겉으로 보기에 나는 '내 꿈을 이루며 사는 사람'처럼 되어 있었고 〈뉴욕타임스〉, 〈마리끌레르〉처럼 유명 매체에 실렸지만, 실상을 들여다보면 나는 트라우마를 겪었던 유년 시절로 보내진 것 같았다. 나는 잠을 이룰 수 없었다. 머리카락이 빠졌다. 카페인과 설탕을 들이켰고 몸무게는 4.5kg가 늘었다. 내가 사랑하는 사람들을 멀리했고 다시 흡연을 시작했다. 최악의 나날이었다.

불안과 동요 속에서도 실낱같은 희망은 있었다. 수입은 매달 꾸준히 증가한다는 것이었다. 6개월이 지나자 나는 드디어 큰 고비를 넘겼다. 리셋은 수익을 냈다! 간신히 낸 수익이었지만 적어도 돈을 더 잃지는 않았다. 나는 천천히 빚을 갚아나갈 수 있도록 더욱 보수적인 새 재무 모델을 만들었고, 이번에는 제대로 돌아갔다. 9개월 만에 나는 아주 조금은, 예전의 즐거운 내가 살아난 기분이 들었다. 하지만 최악의 상황에서 살아남았다고 생각한 바로 그때, 코로나19가 나의 유일한 수익원인 대면 모임을 파괴했다.

비슷한 것끼리 끌어당긴다

이 이야기가 어떻게 끝나는지 말하기 전에 우리는 먼저 결정적인 개념에 대해 논의해야 한다. '견인의 법칙'이라는 개념이다. 기본적인 전제는 매우 단순하다. 유유상종처럼 서로 비슷한 것끼리 끌어들인다는 발상이다. 예를 들어 내가 즐거울수록, 내 삶에 즐거움을 견인할 만한 이유도 많아진다는 것이다. 반대로 내가 불평할수록 삶에는 불평할 이유가 더 많이 생긴다. 자신의 삶에서 견인의 법칙을 포착할 수 있을까? 혹시 모든 것을 다 가진 듯 보이는 사람을 아는가? 행복하고 성공적일 뿐 아니라, 언제나 원하는 것을 얻는 사람이 있지 않은가? 반면 언제나 혼돈 속에 있는 사람을 아는가? 그런 사람이 당신에게 잇따라 일어나는 속상한 일로 불평하는가? 나는 그런 사람을 안다. 나는 견인의 법칙이 실제로 일어나는 것을 가까이에서 보았다.

첫 번째 전형, 언제나 원하는 것을 얻는 사람은 바로 나다. 나는 셀 수 없을 정도로 운이 좋은 적이 많았고, 그중 몇몇은 당신이 이 책에서 읽은 이야기다. 두 번째 전형, 불운이 뒤따르는 사람도 바로 나다. 오랜 시간 동안 나는 불행한 사건을 내 삶에 끌어들이는 자석과 같았다. 친구들은 내가 지나온 길마다 모든 게 엉망진창이 되는 탓에 나를 마이너스의 손이라고 불렀다. 내 커리어에서 나는 대단한 행운과 엄청난 혼란을 모두 겪었다. 그리고 내 운명을 가르는 유일한 요인은 내가 얼마나 감사하는지에 관한 것이었다. 감사하는 마음. 결국 모든 것이 감사함으로 설명된다.

감사는 삶에서 행운을 부르는 가장 큰 요인이다. 견인의 법칙이 서로 비슷한 것끼리 끌어들인다는 뜻임을 떠올린다면, 내가 삶에서 가진 것에 대해 더 감사할수록 더 많은 자산이 나에게 올 것이라는 이치가 된다. 오프라 윈프리는 10년 동안 날마다 빠지지 않고 감사의 목록을 작성했다. 그녀는 그렇게 꾸준히 실천한 덕분에 자신이 성공할 수 있었다고 말한다. 끊임없이 감사하며 살아감으로써 그녀에게는 놀라운 축복이 한층 더 많이 주어졌다. 그것은 자비로운 플라이휠flywheel이었다. 그것은 마치 선의가 끝없이 도는 물레방아 같았다. 행운을 받을수록 그녀는 더욱 감사함을 느끼고, 그녀가 감사할수록 더 많은 행운이 왔다. 그렇게 계속되다가 마침내 그녀는 오늘날 우리가 모두 아는 대스타가 되었다.

시각 예술가인 이제이 힐EJ Hill 역시 그의 성공을 감사하는 마음 덕으로 돌린다. 그의 구체적인 실천은 개인적인 일기 안에만 머무르지 않는다. 그는 공개적이고 매우 눈에 띄는 방식으로 감사를 전했다. 몇 년 전, 이제이는 자신의 이력 사항을 소개할 때 새로운 방식을 택했다. 오직 그가 고마워하는 사람들의 명단으로 바꾸었다. 수상 경력과 인맥에 크게 의존하는 예술계에서 이제이의 선택은 대담하고 용감했다. 화랑, 구매자, 기관 예술가의 가치를 그들이 받은 상과 전속으로 활동한 기관, 작품을 전시한 장소 등을 바탕으로 평가한다. 이제이는 그러한 일상적인 요소들을 모두 생략하고, 그의 성공에 결정적인 영향을 준 선생님들과 사랑하는 사람들, 롤모델들을 거명했다.

감사함에 대한 그의 견해는 포괄적이다. 그는 예술계와는 전혀 무관한 유치원 친구들에게 고마워하고 심지어 더는 그와 교류하지 않는 사람들에게도 감사를 전한다. 가족과 옛 은사들뿐 아니라, 음악가 로린 힐과 그룹 TLC에게도 감사를 전한다. 그와 개인적 친분은 없지만, 그가 성장할 때 그들의 노래와 뮤직비디오에서 결정적 영향을 받았기 때문이다. 흑인 동성애자 예술가로서 이제이는 이렇게 설명했다. "내가 누군지에 대해 생각해봤어요. 그리고 페미니즘을 어떻게 폭넓은 용어로 생각하게 되었는지도요. 그건 빽빽한 학문적 글에서 배운 게 아니에요. 1992년 애틀랜타에서 노래한 20대의 흑인 여성 3명, TLC에게서 비롯된 거죠."

최근 이제이의 감사 명단은 매사추세츠의 노스 애덤스에서 중요하게 전시되었다. 당시 그는 예술가가 꿈꾸는 주요 미술관 단독 전시라는 성취를 이루었다. 축구장과 맞먹는 면적의 매사추세츠 현대미술관에서 이제이는 약 79m의 실제 탑승이 가능한 연분홍색 롤러코스터 창작품이 등장하는 〈브레이크 런 헬릭스〉라는 쇼를 처음 선보였다. 그것은 비록 가로막는 구조물이 있더라도 모든 사람이 즐거움과 기쁨에 다가갈 수 있어야 한다는 언명이었다. 물론 이제이는 이런 절정의 순간에 이르기까지 엄청난 고통을 겪었다. 그는 예술계를 영원히 떠나겠다는 생각을 자주 했고, 자신이 점점 불행해지고 있음을 부인할 수 없었다. 자신의 약력을 바꾸겠다는 결정은 단지 종이에 글자를 적는 것 이상의 의미가 있었다. 그것은 규칙을 따르지 않았다는 이유로 무리에서 쫓겨날 위험을 무릅쓰고, 타고난 가치와 인간성을 왜곡하지 않으려는 용감한 선택이었다. "저는 저의 핵심을 드러낸 모습으로 돌아가려고 노력해왔어요." 그가 말했다. 즉, 그의 감사 명단은 이제이의 직관적인 자기를 구체적으로 표현한 것이다.

우리는 모두 이제이가 했던 일을 할 수 있다. 감사의 실천을 자신의 근거이자 중심이 되는 표현으로 활용할 기회도 있다. 하지만 우리는 삶에서 감사와 비슷하게 생긴 것조차 찾기 힘들다고 느껴지는 순간 역시 경험해봤다. 그것은 곤경이다. 감사는 빛과 같은 방식으로 작동하기 때문이다.

우리의 환경이 화창할 때, 그것을 더 환하게 만들기는 쉽다. 방을 가로질러서 전등을 켜면 더 많은 빛을 만들어 낼 수 있다. 하지만 칠흑같이 고통스러운 어둠 속에 살고 있을 때는 바로 앞에 있는 손도 보이지 않는다. 어떻게 새로운 광원을 찾아갈 수 있겠는가? 감사할 것이 전혀 없는데, 어떻게 감사한 마음과 연결할 수 있을까? 내가 이제 막 수익을 내기 시작한 리셋 스튜디오를 어쩔 수 없이 닫아야 했을 때 스스로 했던 질문이다. 서른다섯의 나이에 전 재산을 잃은 내가 무엇에 감사함을 느낄 수 있을까? 나는 한 걸음 물러나 내 상황을 다시 생각해보았고, 결과적으로 얻은 답은 감사함이었다.

나는 스튜디오 문을 닫던 바로 그날, 감사 실천을 시작했다. 매일 밤 잠자리에 들기 전에 나는 할 수 있는 한 많은 것에 감사하고, 설령 별로 중요해 보이지 않더라도 감사했다. 그리고 그것이 나를 변화시켰다. 좋은 일을 기록해야 한다는 책임감을 느끼다 보니, 저절로 사소한 즐거움의 순간을 알아차리는 훈련을 할 수 있었다. 이 새로운 렌즈를 통해서는 감사할 일이 너무나 많았다. 2달러짜리 커피를 샀을 때 나는 그럴 만한 여유가 있는 것에 감사했다. 식사 전에는 매번 30초씩 내 접시에 담긴 음식에 감사하면서, 세계에서 굶주림을 겪는 많은 사람들을 기억했다. 나는 남아 있는 소수의 고객에게 감사했고, 직업적으로 관계가 있는 사람들에게 감사 노트와 선물을 잔뜩 퍼부었다. 매달 가까스로 임대료를 냈을 때 줄어드는 계좌 잔액을 보고 한탄하는 대신, 제때 임대료를 낼 수 있으니 다행이라는 사실에 초점을 맞추었다.

이 시기에 나는 파트너인 데브와 결혼했다. 팬데믹 시대에 맞추어 데브의 부모님 댁 뒷마당에서 하객 27명을 초대해 식을 올렸다. 코로나 19가 퍼지기 전이었다면 우리는 뉴욕에서 사랑하는 사람들을 대거 초대하는 성대한 결혼식을 할 생각이었다. 이제는 제한이 더 많아졌고, 선택지는 줄었으며 나는 전보다 자산이 훨씬 적어졌다. 그러나 나는 깊이 감사하는 새로운 마음가짐으로 이렇게 생각했다. "지금 가진 것만 해도 이렇게 많은데 왜 굳이 완벽해지기를 기다리겠어?"

당시 나에게 그 해가 어땠는지 물어본다면, 나는 주저 없이 내 인생 최악의 해라고 대답했을 것이다. 지금 돌이켜보면 그때가 가장 운이 좋았던 해이기도 했다. 그 해를 기점으로 모든 것이 시작되었다. 그 해는 나를 변화시켰다. 나를 낙관적이고 감사하는 사람으로 바꾸어 놓았고, 진정한 성공을 위한 길을 닦았다. 베트남의 불교 승려인 틱낫한은 이렇게 말했다. "고통과 행복은 꽃과 쓰레기처럼 양쪽 다 유기적이다." 그는 꽃은 자연적 부패과정을 거쳐 결국 쓰레기가 된다고 설명했다. 그리고 이와 비슷하게 쓰레기도 흙으로 분해되어 결국 꽃을 만든다.

성공을 만나는 두 번째 방법: 감사함

나는 고통과 행복이 서로 다르지 않다는 이 생각에서 큰 위안을 받는다. 우리가 믿는 것처럼 그 둘은 양극단이 아니라 한쪽이 다른 한쪽으로 변하는 것이다. 행복이 고통이 되듯이 꽃은 쓰레기가 되고, 고통은 또한 행복이 된다. 삶의 비결은 고통에서 달아나는 데에 있지 않고, 그것을 받아들이고 쓰레기를 꽃으로 바꾸는 기적적인 과정을 배우는 데 있다.

운영할 스튜디오가 없으니 나는 실직 상태였다. 만성적으로 장시간 일하던 게 끝이 났다. 마침내 여유로운 시간을 갖게 되었다. 나는 글쓰기를 주제로 한 책을 여러 권 사고 하나하나에 감사한 마음을 가지며 처음부터 끝까지 독파했다. 100쪽 분량의 감성적인 수필을 썼다. 썩 잘 쓴 글은 아니었지만 그래도 나는 평생 꿈꿔왔던 글쓰기를 추구하는 순간을 누릴 수 있었다.

나는 또한 내면의 천재성에 귀를 기울이고 새로운 계획을 시도해볼 자유가 있었다. 나는 온라인 강좌와 뉴스레터, 창업자를 위한 지원 단체를 시작하며 많은 것을 창조해냈다. 그리고 리셋의 인스타그램 계정과 팟캐스트를 다시 시작해 내가 배운 것들을 공유하는 방법으로 활용했다. 노력한 일 중 일부는 성공했고, 일부는 그렇지 못했지만 나는 쓰레기를 꽃으로 바꾸는 습관을 만들어가며 실패에도 감사한다.

스튜디오를 닫은 지 1년이 되던 때로 넘어가 보자. 나는 여러 차례의 행운과 근면한 노력을 통해 빚을 모두 갚았다. 나는 등록명부를 가득 채운 창업자들을 코칭하면서 내가 좋아하는 일을 했고, 6개월 후에는 꿈에 그리던 출판사와 출판 계약을 맺었다. 다시 6개월 후에 데브와 나는 전원 지역에 집을 샀다. 아마도 내 인생 최악의 해였던 '쓰레기'에서 자라난 것은 아름다웠다.

길고 개인적인 이야기였지만, 신중하게 현시하는 방법에서 감사를 실천하는 단순한 단계를 좀 더 생생하게 설명하기 위함이었다. 스스로 필요한 모든 것을 가졌다고 생각하면, 곧 원하는 모든 것을 얻게 될 것이다.

우리가 자주 저지르는 실수는 현시의 첫 단계인 시각화에만 너무 집중하는 것이다. 우리는 비전을 설정하고, 머릿속으로 그 비전에 집중한 다음 열정적으로 목표를 추구한다. 이렇게 없는 것을 추구하는 데 집중하다 보면 우리가 이미 가진 것을 보지 못할 수도 있다. 바로 그런 이유에서 우리는 가진 것을 비추는 거울로 감사하는 마음이 반드시 필요하다.

어린 시절의 우리는 "부탁합니다"와 "고맙습니다"를 가장 중요한 말로 배운다. 하지만 현시에 관해서는 "고맙습니다"가 훨씬 더 가치가 있다. 그렇다. 우리는 우리의 목표를 원한다. 우리는 "우주여, 내가 원하는 것을 주기를 부탁합니다"라고 말하지만, 중요한 것은 '고맙습니다'가 '부탁합니다'를 능가한다는 것이다.

원하는 것을 열망하는 것보다 이미 가진 것에 감사하는 데에 2배의 시간을 보내자. 걱정하지 않아도 된다. 이런 수학은 쉽게 계산할 수 있다.

당신은 충분하게 보는 방법을 알고 있다. 이제 감사할 것이 너무 많다는 사실 역시 알게 될 것이다. 자, 지금 바로 시작해보자.

현시 연습 ②

1. 하루를 마무리할 때, 감사한 일을 적어도 3가지 생각하며 매일 감사 실천을 시작한다.
2. 꽃으로 변한 쓰레기를 찾아보자.
3. 오늘 나에게 일어난 최악의 일을 생각해보고 그 일을 다른 시각으로 보며 긍정적인 면을 찾는다. 예를 들어 상사가 건설적인 의견을 주었다면, 나의 성장에 관심 가져주는 멘토가 있다는 사실에 진심으로 감사한다.

12장

당신의 타고난 탁월함을 낭비하지 마라

과거	자랑스러운 순간 10가지를 골라 목록을 만든다.
현재	날마다 잘한 일 3가지를 적는다.
미래	꿈을 실현하는 자신을 시각화한다.

표16 자신감을 키우는 방법

우리는 모두 자신감을 더 키울 능력이 있다.
그저 자신의 타고난 탁월함에 마음을 열기만 하면 된다.

성공을 만나는 세 번째 방법: 자신감

이제 시각화와 감사함을 다루는 방법을 배웠으니, 이제 자신감을 다룰 차례다. 이번 장에서 우리는 자신감을 기르는 방법을 배울 것이다. 자신감은 훌륭한 평형 장치다. 어떤 배경과 경험을 가졌든 모두가 자신감으로 인해 고민과 어려움을 겪는다. 따라서 자아 존중감의 문제로 고민해본 사람이라면 내 말을 믿어라. 그건 혼자만 겪는 문제가 아니다. 당신의 잘못이 아니다.

내 코칭 업무에서 고객들이 자신감을 기르도록 돕는 건 필수적인 일이다. 그들이 올라선 위험한 쳇바퀴를 떠올려보자. 벤처캐피털의 투자를 받는 창업자로서 그들은 매년 수백만 달러를 모아야 한다. 이는 곧 창업자들이, 그들이 하는 사업을 비판하는 것이 직업인 수십 명의 투자자를 만나야 한다는 걸 의미한다. 그 과정은 진퇴양난이다. 창업자들은 유효성을 인정받기 위해 회의장으로 들어간다. 그들은 투자자들이 흥미를 갖길 원한다. 자신의 사업이 성공적으로 흘러가고 있다는 확신을 얻기를 갈망한다. 그들은 투자금이 자신의 자신감을 올려주기를 바라지만, 그들에게 가장 필요한 건 자신에 대한 흔들리지 않는 믿음이다.

자신감의 정의는 '자신의 힘에 대한 느낌이나 의식'이다. 여기서 핵심어는 '느낌'이다. 자신감은 내면세계에서 오는 것임을 명심하라. 자신의 성취에 대해 거들먹거리고 자랑하는 것은 자신감이 아니다. 그것은 외적인 행동으로 자신감과 연결될 수는 있지만, 대개는 그렇지 않다. 당신이 조용하든, 내향적이든 그런 건 상관없다. 자신감은 우리가 행하는 무언가가 아니라 우리 내면에서 느끼는 것이기 때문이다.

여기서 우리는 자신감에 관한 가장 거대한 신화와 만나게 된다. 우리가 사는 이 물질적 세계에서 우리는 자신감이 획득해야 하는 '무엇'이라고 잘못 배웠다. 우리는 실용적인 선택을 하고, 그로 인한 결과인 성공으로 자신감을 얻어야 한다고 믿는다. 여기서 말하는 성공은 외적으로 그럴듯해 보이는 성공인 경우가 많다. 예를 들어 일자리가 필요한 상황이라고 생각해보자. 우리는 일자리를 얻으면 자신감을 느낄 것으로 생각하지만, 일자리를 얻고 나면 골대는 이동한다. 이어서 우리는 승진을 원하게 되고 승진하면 자신감을 느끼리라 착각한다. 다음에는 또 다른 결승선이 생긴다. 우리의 자존감은 미래로 무한히 지연되면서 우리가 다다를 수 없는 지평선을 좇게 만든다.

아이러니하게도 나는 엄청난 빚더미에 앉았던 그 시기에 진정한 자신감을 가지게 되었다. 그 이전에 나의 자아 존중감은 다른 사람들이 나에 대해 어떻게 생각하는지에 달려 있었다. 그리고 학교나 직장에서 내가 얼마나 잘했는지에 좌우되었다. 그 해, 내가 거둔 성공은 모두 사라졌다. 나는 사업장을 닫았다. 자랑할 것은 아무것도 없었다. 나를 주제로 기사를 써주는 신문이나 잡지도 없었고, 내가 잘하고 있다고 확인해줄 상사나 동료도 없었다. 내가 자신감을 얻기 위해 두드리던 모든 경로가 사라져버렸다.

나는 너무 오랫동안 다른 사람들이 내 자신감을 길러주도록 의지해왔다. 그들이 멈춰버리자 나는 굶주렸고 자신감을 채울 수 있는 수단도 잃어버렸다. 결국 자책에 지친 나는 외부 여건과는 상관없이 나 자신을 사랑하는 법을 배우기로 했다. 나는 삶이 잘 굴러갈 때만 좋은 기분을 느끼는 게 지긋지긋했다. 삶의 불가피한 고난에 따라 끊임없이 요동치는 자신감은 이제 필요 없었다. 그런 식으로 존재하는 것은 불안정하고, 끔찍했으며 내가 과감해지는 데 걸림돌이 되었다.

남과 다른 일을 한다는 건 많은 사람들이 당신을 이해하지 못한다는 뜻이기도 하다. 옛날 방식대로 끌고 가거나, 당신의 비전을 깎아내리려는 비평가들이 있을 것이다. 우리는 대담하고 색다른 꿈을 추구하는데, 다른 사람들의 검증도 받아야 하는 상황을 상상해보자. 둘 다 얻는 것은 불가능하다. 내면의 진정성과 외부의 인정은 동시에 공존할 수 없다. 오롯이 나만의 고유한 삶을 살고자 한다면 나의 내면에서 자신감을 기르는 것이 필수적이다.

포기하지 않는 사람

쿠웨이트 태생의 예술가 알리마마 라셰드Alymamah Rashed가 학업을 위해 뉴욕으로 갔을 때, 그녀는 수많은 처음을 마주할 수밖에 없었다. 그녀는 가족 중 처음으로 예술을 직업으로 택했고, 처음으로 해외에서 공부하는 여성이었다. 그녀는 열일곱 살에 처음으로 혼자 살게 되었으며, 서구적 예술 개념 앞에서는 초보자였다. 인종차별을 경험한 것도 그때가 처음이었다. 학교의 유일한 이슬람교도 여성으로서 알리마마의 교수들은 대개 그녀가 배경 때문에 성공하기 힘들 것이라 짐작했다. 작업실을 방문한 한 선생은 알리마마의 히잡을 보더니 이렇게 말했다. "왜 여기 있어? 고향으로 가서 페라리를 몰아야 하는 거 아냐?"라고 말하지만, 알리마마는 국가 장학금을 받아야만 학비를 감당할 수 있었다.

졸업 후에 그녀는 수십 곳의 화랑에 지원했다. 몇 주 동안 면접을 본 알리마마는 학교에서 경험한 편견과 차별은 약과라는 걸 알게 되었다. 히잡이 빌미가 되어 수없이 거절당했다. 그럼에도 알리마마는 끈질기게 지원했다. 마침내 신생 화랑에서 일자리를 얻었다. 출근 첫날, 그녀의 동료는 그녀를 보더니 그녀에게 ISIS*를 믿는지 물었다. 알리마마는 후에 그 동료와 화랑 책임자 사이에서 자신에 대한 무수히 많은 차별과 혐오를 맞닥뜨리게 되었다.

사람들은 단순하게 그녀의 겉모습만 보고 다가가 그녀가 어떤 사람

---

* 이슬람 국가 수니파 무장 테러단체, 한국에서는 주로 IS라고 불린다.

인지에 대해 끊임없이 추측했다. 사람들은 그녀가 지나치게 보수적이고, 지나치게 부유하고, 지나치게 이슬람적이라서 예술계에 적응할 수 없을 것으로 추측했다. 하지만 그녀는 사명을 띤 개척자였고 다른 사람들의 의견이 자아와 자신감에 영향을 주도록 허락하지 않았다. 쿠웨이트로 돌아간 그녀는 활동하는 예술가로서 국제적인 커리어를 성공적으로 쌓았고, 꿈에 그리던 화랑들이 그녀의 작품을 대리하고 있다.

알리마마는 그녀의 작품처럼 자신감 있고, 과감하게, 공간을 점령하는 것을 두려워하지 않는다. 그녀는 다른 사람들이 뭐라고 하든 개의치 않는다. 그녀가 선택할 수 있는 길은 2개였다. 다른 사람들이 하는 말을 곧이곧대로 믿었다면 알리마마는 꿈을 포기했을 것이다. 하지만 그녀는 견디기 힘든 거절과 차별적 경험을 겪었어도 자신에 대한 믿음을 굳건히 지켰다.

우리는 모두 알리마마와 같은 선택지를 앞에 두고 있다. 첫 번째 문 뒤에는 자존감이 동요하는 삶, 외부적 사건과 타인의 의견에 자신감이 얽매이는 삶이 있다. 두 번째 문 뒤에는 자유가 있다. 당신은 당신을 비난하고, 당신의 가치를 깎아내리는 사람들과 당신은 그럴 자격이 없다고 말하는 거짓 이야기에서 자신을 풀어주어야 한다.

자신감 은행

자신감에 관한 거대한 신화가 또 있다. 날 때부터 타고난 자신감이 있거나 혹은 자신감을 타고나지 않은 쪽이 있다는 것이다. 우리는 자신감을 고정되고 움직일 수 없는 특징, 즉 유전이라고 생각한다. 사실 여기서 힘을 가진 건 우리다. 우리가 느끼는 자신감의 양은 우리의 통제 안에 있다. 매일 매 순간 우리의 사고와 행동은 우리의 자존감을 형성한다. 이것은 빠르게 일어날 수 있는 일이다. 지금 당장은 자신감을 느끼지 못할 것이다. 하지만 곧 자신감을 충만하게 느낄 것이고 그것을 막을 수 있는 방법은 없다.

인간 수행 분야의 심리학 전문가인 네이트 진서Nate zinsser 박사는 우리의 자신감을 은행 계좌에 비교한다. 계좌의 잔액은 삶의 경험에 따라 오르락내리락한다. 예를 들어 내가 직장에서 프로젝트를 잘 수행하고 상사도 나를 칭찬해준다고 생각해보자. 이것은 내 자신감 계좌에 입금되어 적립된다. 그러던 어느 날, 나는 승진에서 누락되고 그 자리는 동료에게 넘어간다. 그것은 엄청난 금액의 예금 인출이다. 리셋을 닫던 해, 내 자신감 계좌의 잔액은 마이너스였다. 나는 예금을 너무 많이 찾았고, 부정적인 자아를 갖게 되었다. 이 통장 잔고를 영원히 채울 수 없으리라 생각했다.

계좌를 채우기 위해서 다른 사람들이 하는 칭찬이나 검증을 기다리지 마라. 우리는 직접 계좌를 채울 수 있다. 자신에 대해 어떻게 느끼는지를 결정하는 사람은 오직 자기 자신밖에 없다. 우리는 입출금을 할 수 있는 단독 권한을 가지고 있다. 그리고 지금 바로 자신감 계좌의 잔액을 늘

릴 수 있는 2가지 강력한 도구를 만나보자. 내가 해냈으니 당신도 해낼 수 있다.

자신감 통장 잔고를 늘리는 첫 번째 방법: 기억 발굴하기

첫 번째 방법은 우리가 가치 있고 주목할 만한 사람이라는 것을 보여주는 증거를 찾기 위해 기억을 발굴하는 것이다. 단순하게 삶의 시작부터 시작하여 우리가 자랑스럽게 여기는 기쁨이나 성취의 순간 10가지를 적으면 된다. 그만큼 생각나지 않는다고 해서 좌절할 필요는 없다. 충분히 다하지 않았거나 충분히 잘하지 않아서가 아니다. 자신의 가치를 인정하는 연습을 하지 않았다는 뜻이므로 지금 연습하는 것이 한층 더 중요하다는 뜻이다. 이제부터 조금씩 연습하면 충분하다. 눈을 감고 차분히 생각해보라.

10가지의 이야기는 구체적인 성취나 수상 경험이 될 수도 있지만, 꼭 무엇을 차지하고, 갖는 게 아니어도 괜찮다. 예를 들어 나의 10가지의 이야기에는 대학교 3, 4학년 시절이 포함되어 있다. 그 전년도에 나는 거의 학교를 중퇴할 뻔했다. 나는 유급을 당했고 정신 상태는 처참했다. 포기하는 대신 나는 치료를 받으러 갔고, 나 자신을 부드럽게 대하면서 마지막 두 해에는 A와 B+만을 받았다. 10가지의 이야기는 꼭 무지개나, 나비나 상장처럼 그럴듯해야 한다는 법은 없다. 사랑하는 사람을 도와준 순간이나, 적당히 안전한 영역에서 자신을 밀어낸 순간, 다른 사람에게

휘둘리지 않고 자립한 순간 등을 적어도 된다. 성공의 카르마는 외부가 아닌 내면세계에서 시작된다는 것을 명심하자. 아무도 칭찬해주지 않았다 해도 자신에게 만족감을 느꼈을 때를 떠올려보자. 내 10가지의 이야기 대부분은 실패한 시기에 바로잡을 방법을 찾았던 순간과 관련되어 있다. 이런 순간들은 나 자신을 제외한 다른 사람에게는 명백한 성공이 아니다. 하지만 나에게는 더없이 자랑스러워하는 순간들이며 나는 이것이 진정한 성공이라고 생각한다. 당신에게도 분명히 이러한 순간이 있을 것이다.

자신감 통장 잔고를 늘리는 두 번째 방법: 감사 목록 만들기

자신감을 키울 수 있는 두 번째 방법은 자기 감사 목록을 만드는 것이다. 그날 잘한 일을 모두 기록해보자. 아마 지금까지 해본 적 없던 일을 하게 될 것이다. 바로 스스로에게 감사하는 일을 적는 일이다. 목록을 쓸 때마다 다른 사람의 검증에 의존하지 않는 방향으로 사고의 회로를 재배치하는 셈이다. 10가지의 이야기가 자신감 계좌 잔액이 바닥났을 때 넣는 거액의 수표라면, 자기 감사 목록은 자신감을 건강한 수준으로 유지하기 위해 잔액이 충분할 때 매일매일 넣는 소액 입금인 셈이다.

　　10가지의 이야기와 마찬가지로 자기 감사 목록에는 특별한 일이 들어가야 한다는 법은 없다. 아주 사소한 일을 적는 것을 추천한다. 자아 존중감과 에너지가 바닥을 쳤을 때 나는 침대 정리나 빨래처럼 작은 일도

적립했다. 이메일의 받은 편지함을 정리하거나 고객에게 코칭을 잘해주었을 때도 자기 감사를 느낀다. 비록 내가 적은 목록이 다른 사람에게는 인상적이지 않더라도, 사소한 것이라고 해도 나는 나를 칭찬해주었다. 내 삶의 상황에 주목해보고 그 상황에 맞게 입금을 조정해보자. 거부당한 느낌이 들고 자신감 계좌에 큰 타격을 입은 날에는 10가지의 이야기를 다시 적어보면서 상황에 맞게 대응한다. 새로운 기술을 배우는데 석연찮은 느낌이 든다면 매일 자기 감사 목록을 더욱 부지런히 작성하자. 목록을 소리 내 읽는 것만으로도 충분히 효과를 볼 수 있다. 자기 감사는 강력한 도구다. 내가 잘한 일을 알아차리는 것만으로도 내면을 변화시켜 삶 자체를 바꿔주는 셈이다. 머릿속에 든 작은 비판의 목소리는 이제 가장 큰 목소리로 나 자신을 격려해주는 응원단으로 변한다.

명심하라. 우리는 하루에 6,000가지 생각을 한다. 즉, 자신에게 감사할 기회가 하루에 6,000번이나 있다. 시간이 지나면서 우리는 더욱 자신만만해질 것이다. 어떤 환경이나 사람도 우리의 자신감을 빼앗지 못할 것이다. 우리는 그렇게 될 수 있다.

자신감을 키우는 것은 내면세계를 탐구하고, 성공을 만나는 데 있어서 필수적이다. 시각화는 기본이고 감사한 마음 역시 중요하다. 하지만 자신감의 근육을 단련하지 않으면 아무 일도 일어나지 않는다. 붓다가 가장 큰 욕망을 밝힌 마을 사람들에게 말했듯이 삶에서 원하는 것을 얻으려면 먼저 자신에게 그럴 만한 자격이 있다는 것을 믿어야 한다.

첫째, 시각화를 실천하면서 우리는 꿈을 믿기 시작한다. 둘째, 감사하는 마음을 통해 우주를 믿기 시작한다. 셋째, 자신감을 키우면서 자신을 믿기 시작한다. 당신의 꿈과 우주와 당신 자신을 믿어라. 여기까지 왔다면, 사실 당신은 이미 성공의 문을 연 셈이다. 이제 당신은 묵묵히 걸어가면 된다. 자유롭게.

현시 연습 ③

1. 일기장에 10가지의 이야기를 적는다.
2. 언제든 거액의 자신감 입금이 필요할 때 쉽게 찾아볼 수 있도록 모서리를 접어 표시해둔다.
3. 오늘, 자기 감사 목록을 시작한다. 다 적은 뒤에는 소리 내 읽는다.
4. 타이머를 2분으로 맞추고 눈을 감는다.
5. 자신에게 '고마워'라고 말하고, 어떤 느낌을 받는지 주목한다.

카르마의
선물 ③

기술적으로 기록하라

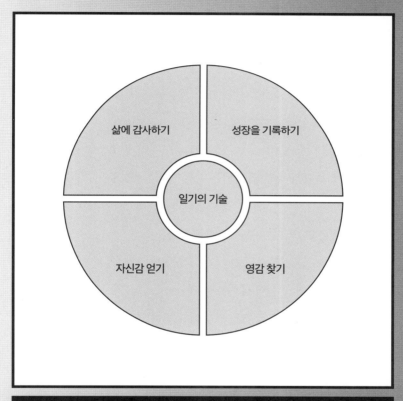

삶에 감사하기

성장을 기록하기

일기의 기술

자신감 얻기

영감 찾기

표17 일기의 기술

일기는 단지 종이에 끄적이는 것이 아니다.
일기는 내가 되고자 하는 나의 형상을 빚어내는 도구다.

1,000년 전 감사일기를 썼던 사람들

10세기 일본 왕실의 여성들은 특별한 문화 운동을 시작했다. 그들은 우리 역사 최초의 자기 성찰 일기인 베갯머리 서책을 쓰기 시작했다. 이불 아래에 넣어둔 작은 공책들은 관조적인 왕족 여성들의 일상적인 생각과 감정, 꿈을 담고 있다. 운 좋게도 이 기록의 일부는 보존되어 있는데, 그중에는 세이 쇼나곤淸少納言이 쓴 '가슴을 두근거리게 하는 것들'이라는 제목의 목록도 포함되어 있다. 그녀는 다음과 같이 썼다.

· 새끼들에게 먹이를 주는 어미 참새들
· 아기들이 놀고 있는 공간을 지나가는 것
· 좋은 향을 태운 방에서 잠드는 것
· 우아한 중국 거울이 조금 흐릿해진 것을 알아채는 것
· 신분이 높은 남자가 대문 앞에서 가마를 세우고 하인들에게 도착을 고할 것을 명하는 모습을 보는 것

머리를 감고, 얼굴을 예쁘게 꾸미고, 향기로운 옷을 입는 것. 비록 아무도 보지 않더라도 이런 행위는 내면의 즐거움을 만든다. 그녀는 우리보다 1,000년 앞서서 감사 일기를 쓰고 있었다. 이런 충동은 유서 깊은

것이다. 우리 인간들은 삶의 세세한 사항을 기록하고 반성하려는 타고난 욕구가 있다. 이런 습관이 매우 유익하기 때문이다. 벤저민 프랭클린은 13가지의 미덕*을 충실히 지킨 것으로 유명하다. 그는 매주 다른 미덕을 최선을 다해 지키고 매일 자신이 그것을 실천했는지 살펴보며 반성했다. 버락 오바마는 오랫동안 일기 쓰는 습관을 지켜왔다. 그는 이런 글쓰기의 실천이 "내가 믿고, 보고 걱정하는 것을 명확히 해주는 중요한 활동이었다."라고 말했다. 내가 가장 좋아하는 옥타비아 버틀러Octavia Butler는 일기 쓰기를 통해 현시의 기술을 완벽하게 보여준다. "나는 베스트셀러 작가가 될 것이다." 그녀는 공책에 이렇게 썼다. "내 책은 모두 베스트셀러 목록에 오를 것이다, 나는 이렇게 할 방법을 찾을 것이다. 그러니 그렇게 될지어다! 반드시!" 잘 알다시피, 그녀는 목표를 이루고, 그녀가 생각했던 것보다 더 크고 거대하게 성공했다.

이제 당신이 해야 할 일은 일기 쓰기를 활용하는 사람들의 긴 대열에 합류하는 것이다. 오랫동안 꾸준히 실천하면 현시를 도와줄 뿐만 아니라, 고유한 사람으로서 '나'에 대한 기록이 생긴다. 나는 15년 동안 일기를 써왔다. 지저분한 몰스킨 묶음과 스프링 제본한 공책들은 나의 소중한 재산이다. 내 일기는 내가 실수하고, 잘못된 결정을 내리고, 성장하여 경력을 쌓고 가족을 꾸리는 동안 내내 나와 함께 해왔다. 일기는 성인이 된 내 삶의 통찰과 불안들을 온전하게 안다. 오직 일기만이 알고 있다.

---

*   널리 알려진 벤저민 프랭클린의 13가지 덕목은 절제, 규율, 침묵, 결단, 절약, 근면, 성실, 정의, 중용, 청결, 평정, 순결, 겸손이다.

내가 사소한 부분을 잊더라도 일기는 언제나 알고 있다.

몇 해 전, 내가 이혼한 지 얼마 안 되었을 때 나는 전원 지대의 집을 꿈꾸기 시작했다. 채소를 기르고 사람들을 많이 초대할 수 있는 자연 깊숙한 곳 어딘가에 집을 갖고 싶었다. 내면의 천재성은 무언가 안정적인 것, 영구적인 것 흔들리지 않는 삶의 방식을 구축할 수 있는 장소를 갈망했다. 당시 나의 열망은 전형적인 몽상이었다. 나는 집을 계약할 돈도 없었고 신용 등급도 나빴으며 여러 해 동안 나를 도시에 묶어 놓을 벤처캐피털의 커리어를 곧 시작하려던 참이었다. 나는 자동차도 없었고 심지어 운전면허도 없었다. 그러니까 내가 시골의 넓은 대지에 살겠다는 발상은 터무니없는 생각이었다. 사실 내가 한 자리에 계속 머물겠다는 것 자체가 우스꽝스러워 보였다.

나는 유년기 대부분 임시 아파트 이곳저곳을 옮겨 다니며 보냈다. 열여덟 살이 되기 전에 전학을 8번이나 갔고, 집에 진짜 초록빛 뒷마당이 있는 친구들에게 열등감을 느꼈다. 나는 단순한 주택이 아니라 찬장에는 음식이 가득 차 있고, 남매끼리 영화를 볼 수 있는 아늑한 자리가 있으며 옆에는 사랑스러운 개가 있는 그런 집을 진심으로 갈망했다. 하지만 나에게 닥치는 유일한 꾸준함은 오직 불안정함이었다. 나는 얼마 안 되는 소지품을 쓰레기봉투에 넣어 차에 싣고, 예고 없이 갑자기 이사하는 것에 익숙했다. 성인이 된 후에는 그와 똑같은 양식을 내 선택으로 계속 이어갔다. 나는 15년에 걸쳐 12번도 넘게 장소를 옮기며 살았다. 나는 어디에서도 오랫동안 정착하지 못했다. 심지어 상황이 좋을 때도 마찬가지였다.

내가 어떤 사람이 될지 결정하는 것은 나 자신이다

다시 집을 꿈꾸기 시작한 나는 열망에 흠뻑 빠져 일기를 쓰기 시작했다. 원하는 집의 특징들에 대한 긴 목록을 하나씩 써 내려갔다. 나는 12명은 초대할 수 있도록 작은 건물들이 몇 채씩 있는 넓은 땅을 원한다고 적었다. 나는 정원과 과수원, 그리고 비현실적인 비밀 통로를 원했다. 나는 나의 집에 온 사람들을 위해 요리하는 내 모습을 상상했다. 즐거움을 보았고, 사랑을 보았다. 그 공책을 다 채운 다음에는 선반에 끼워두었다. 그리고 새 직장과 함께 찾아온 신나는 도시 생활로 인해 공책에 적은 꿈은 잊어버리고 말았다.

최근, 남편 데브와 함께 시골의 새로운 보금자리로 이사하면서 나는 직관에 이끌려 그 오래된 공책을 꺼내 보았다. 나는 7년 전에 내가 뭐라고 썼는지 알고 싶었다. 페이지를 넘길 때마다 온몸에 오싹한 전율이 흘렀다. 내가 원했지만 잊고 있었던 모든 것들이 현실로 이루어졌다. 나는 정원과 과수원, 비밀스러운 통로에 이르기까지 내 비전을 실현했다. 그리고 상황은 더 으스스해졌다. 페이지 맨 아래쪽에는 내가 꿈꾸는 집의 이름 '업랜드Uplands'가 적혀 있었다. 나는 그 단어를 데브를 만나기 3년 전에 썼다. 내가 그를 만났을 때 처음 알게 된 사실 중 하나는 그가 캐나다의 브리티시컬럼비아 주 출신이라는 것이었다. 그곳은 그가 세상에서 가장 좋아하는 장소였고, 그는 아홉 살 때부터 계속 같은 집에서 자랐다. 그 많은 이름 중에서도 하필이면 '업랜드'라는 그림 같은 지역에 있는 집이었다. 일기를 읽으면서 나는 단지 7년 전에 작성한 목록을 실현한 것이 아님을 깨달았다. 나는 유년 시절부터 품었던 진짜 집에 대한 갈망을 서른일곱 살에 마침내 실현한 것이었다.

이번 장에서 꼭 가져가야 할 게 있다면 바로 '일기를 쓰는 것'이다. 우리의 삶은 공들여 기록할 만한 가치가 있다. 우리의 생각과 감정과 바람은 의미가 있고, 완벽한 제자리를 가질 자격이 있다. 그들이 정착할 집을 마련해주자. 삶을 기록하는 행동은 단순히 과거의 상황이 어떠했는지를 영원히 남기려는 것만이 아님을 꼭 기억하자. 그와 더불어 앞으로 상황이 어떻게 변할지 정의하는 것임을 알아야 한다. 우리와 우리가 쓴 일기가 함께, 우리가 삶에서 원하는 모든 것을 마주할 것이다.

앞서 몇 장에 걸쳐서 우리는 이것을 하기 위한 구성 요소들을 살펴보았다.

· 비전을 기록하고 정기적으로 읽어본다.
· 눈을 감는다. 정확하고 상세하게 나에게 일어나는 일을 시각화한다.
· '감사 목록'을 매일 적는다.
· 내가 쓴 내용을 만끽하고, 나의 삶, 나라는 사람과 의식적으로 사랑에 빠진다.

명심하라. 만약 이 과정을 하기 싫은 하찮은 일로 취급한다면 아무런 효과도 없을 것이다. 이 두 단계에 완전히 빠져들어 자기 것으로 만들어야 한다. 매일 일기장을 펼칠 때 내면의 천재성에 귀를 기울이고 나에게 다른 무엇이 필요한지 물어보자. 어쩌면 감사와 더불어 이 책에서 소개한 내면의 천재성에게 편지쓰기를 하거나 새로운 10대 사건을 적어보고 싶어 할지도 모른다. 우리 인간은 정체되지 않는다. 우리에게 필요한 것은 변화한다. 따라서 일기 쓰는 시간을 그날의 나에게 특별히 필요한 것을 살피는 기회로 삼도록 하자.

나도 항상 하는 것은 아니지만, 몸이 좋지 않고 새로운 경로 설정이 필요하다고 느낄 때는 확언을 실천한다. 예를 들어 나는 당황해 어쩔 줄을 모르겠을 때 일기장에 다음 문장들을 여러 번 적는다.

나는 충분히 한다. 나는 충분히 가졌다. 나는 충분하다.
그 일은 정확히 제때 끝날 것이다.

내 고객 중 1명은 지금 투자금을 모으고 있다. 사업은 어느 때보다 커졌고, 그가 따라갈 수 없을 만큼 빠르게 성장하고 있다. "**나는 자격이 있다. 나는 가치가 있다.**" 그는 아침마다 이렇게 확언을 적는다. 또 다른 고객은 이런 확언을 활용하여 그가 되려는 CEO의 모습을 상기한다.

"나는 차분하고, 용감하며 자신 있다." 나는 고객들이 사용할 확언을 정해주지 않는다. 고객들은 자신에게 적합한 말을 스스로 잘 안다. 그것이 바로 확언의 묘미다. 내면의 천재성은 성공의 카르마를 만들도록 돕는 데 필요한 것이 무엇인지 정확히 안다.

기원전 400년에 노자는 《도덕경》을 집필했다. 81장으로 이루어진

이 책은 각 장이 짧막한 시처럼 읽히는데, 모든 존재가 우주와 조화롭게 살아가는 길인 '도ᇻ'에 대해 설명하는 내용을 담고 있다. 아주 오래전에 쓰인 책인데도 서구 언어로 250여 차례나 번역된 바 있으며, 현대 세계에서도 여전히 중요한 지혜를 전해준다. 다음은 28장 〈돌아가기〉의 일부다.

> 남자다움을 알되
> 여자다움으로 되돌아가
> 세상의 계곡이 되면
> 항상 진실하고 흔들림 없어
> 다시 갓난아기가 되고
> 빛을 알되
>
> 어둠으로 되돌아가
> 세상의 본보기가 되면
> 진실하고 틀림없는 힘이
> 다시 무한함으로 돌아간다

이 글은 삶이 움직임에 관한 것임을 일깨워준다. 우리는 음에서 양으로, 어둠에서 빛으로 흐르면서 앞으로 나아갔다가 다시 뒤로 향하며 계속 움직이게 되어 있다. 우리 삶의 진정한 본성은 역동적이다. 그러니 어떤 방향으로 가야 할지 정하면 어떨까? 이제 우리는 꿈을 현실로 만드는 모든 기술을 갖추었다. 비전과 감사와 자신감을 위한 능력을 확장하여 신중하게 현시하는 방법을 배웠다. 우리를 도와주는 일기 쓰기의 절차도 안다. 우리에게 다음에 일어날 일은 우연이나 운에 좌우될 필요가 없다. 내가 어떤 사람이 될지 결정하는 것은 바로 나 자신이다.

축하한다. 당신은 4가지 성공 연습과 성공 전략 2단계까지 익히고 이 책의 중간지점에 도착했다. 1단계 성공 전략인 '내면세계를 탐구하기'를 통해 내면세계를 위한 공간을 마련하여 내면의 천재성이 보내는 메시지에 귀 기울이는 방법을 알아보았다. 2단계 성공 전략인 '진정한 성공을 만날 준비하기'에서는 생각의 힘을 이용하여 꿈을 추구하며, 감사하는 마음으로, 자신감 있게 언제나 원하는 것을 얻는 사람이 되는 방법을 알아보았다.

이제 3단계 성공 전략인 '스스로를 경호하기'에 도달했다. 다음 장에 걸쳐 당신은 어떤 어려움에 직면하더라도 자기 자신을 보호하고, 내면의 천재성을 빛내는 데에 필요한 동력을 주는 방법을 배울 것이다.

PART

4

성공 전략 3단계

스스로를
경호하기

13장 당신은 당신의 영혼을 돌봐야 한다

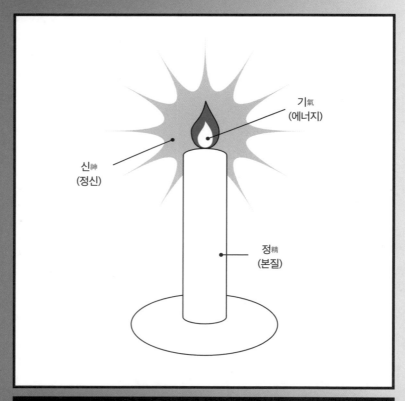

기氣
(에너지)

신神
(정신)

정精
(본질)

표18 3가지 보물로 진정한 능력을 작동시키기

우리는 단순히 몸과 두뇌만 가진 존재가 아니다.
우리 안에는 총명함과 재능과 능력을 작동시키는 3가지 보물이 있다.

당신이 성공하지 못하는 진짜 이유

왜 어떤 창업자들은 성공하는데, 왜 또 다른 창업자들은 성공하지 못할까? 나는 일하는 내내 이 질문에 대답하기 위해 애써왔다. 창업자의 배경이나 경험이 원인은 아니다. 나는 아이비리그와 유명 기업 출신의 창업자들이, 대단한 커리어나 배경이 없는 창업자들과 다를 바 없이 자주 실패하는 것을 목격했다. 나는 수년 치의 성격 검사 결과와 코칭 기록을 쏟아부어서 성공을 암시하는 성격이나 사고방식에 대한 단서를 찾아보았다.

창업 후 첫 2년이 가장 결정적이다. 그들은 최소한 하루에 12시간, 일주일에 6일을 일하며 무無에서 유有를 창조하려고 노력한다. 잠도 잘 자지 못한다. 제품은 원하는 만큼 빨리 만들어지지 않는다. 그들에게는 개인적인 생활도 없고, 답신해야 할 이메일과 메시지만이 수백 통씩

쌓여가고 있다.

극단적인 업무 일정을 알기에 나는 종종 고객에게 직접 자신의 개인적 안녕을 1점에서 5점까지의 척도로 평가하도록 요청한다. 초보 창업자들은 평균 2점으로, 이는 그들이 끔찍한 기분을 느끼고 있으며 중대한 변화가 필요하다는 것을 뜻한다.

2년 전 어느 날 밤, 나는 초보 창업자 A 그룹과 B 그룹을 코칭하고 있었다. A 그룹은 2년도 채 안 되는 기간에 매우 효율적인 팀을 꾸려 수천 명의 고객을 확보하고 상당한 수익을 올린, 대단한 일을 해낸 CEO들이었다. 언제나 그렇듯이, 나는 창업자들에게 모임의 다른 사람들에게 도움이 될 제안을 하나씩 해달라고 요청했다. 나는 그들이 판매업체의 이름이나 팟캐스트 에피소드, 책 또는 전략 프레임을 공유할 것이라고 짐작했다. 하지만 창업자들은 자신들이 내면적 삶을 뒷받침하기 위해 실천하고 있는 일을 이야기했다. "매일 아침 걸어서 출근하며 스스로에게 격려의 말을 합니다." 한 고객은 이렇게 말했다. "잠자리에 들기 전에 일과 무관한 책을 읽어요." 다른 고객이 대답했다. "매일 농구장에서 자유투 100개를 던지고, 집에 와서 아이들과 놀아요." 이렇게 덧붙인 사람도 있었다.

건강하면서도 만족감을 주는 루틴을 이야기하는 창업자들의 얼굴이 밝아졌다. 이런 활동들은 즐거움의 원천이었다. 이 모임에서 자신들의 개인적 안녕을 평가한 평균 점수는 5점, 최상이었다. 나는 바로 전날 밤, 이들과는 정반대로 최저점을 주었던 B 그룹을 떠올렸다. 이 두 집단은 창업에 뛰어든 시기가 1년밖에 차이 나지 않지만, 서로 천지차이라는 생각이 들었다.

A 그룹의 창업자들은 건강한 사업성을 구축하는 방법을 찾은 다음 성공적으로 투자를 유치했고, B 그룹의 창업자들은 여전히 허리까지 빠지는 진흙탕 속에 있었다. 두 집단은 모두 비슷한 배경을 가졌고, 비슷한 분야에서 일했다. 유일한 차이점은 그들이 우선순위에 두는 것에 있었다. 아이러니하게도 성공한 창업자들은 일보다 자신의 안녕을 더 앞세웠다. 반면에 어려움을 겪고 있는 창업자들은 오직 일만 했다. 자신의 안녕은 안중에도 없었다.

우리는 흔히 '자기 돌봄'이라는 개념을 일에서 느끼는 압박을 적당히 낮춰줄 평형추로 여긴다. 우리는 자신을 극한까지 밀어붙인 후에 몸과 마음에 양분을 공급하는 것이 얼마나 중요한지 안다. 이 상호 작용을 탐색해보면 삶은 마치 시소 같다. 직장에서 우여곡절을 겪으며 전력을 다한 후, 우리는 기운을 회복하려고 휴가를 더해 긴 주말을 보내거나 힘든 하루를 마무리하면서 요가와 목욕으로 스스로를 돌봐줄 것이다. 그리고 충분히 재충전된다고 느끼면 곧바로 다시 경기에 뛰어든다. 이 전략은 확실히 자신을 전혀 돌보지 않는 것보다는 낫지만, 내면의 천재성이 알고 있는 결정적인 진실이 빠져 있다. 내 안의 탁월함을 진정으로 폭발시키기 위해서는 신체를 돌보는 것만으로는 충분하지 않다. 우리는 영혼 역시 돌봐야 한다.

우리는 영혼 역시 돌봐야 한다

프랑스의 철학자이자 신비주의자인 피에르 테야르 드 샤르댕Pierre Teil-
hard de Chardin의 말을 생각해보자. "우리는 영적인 경험을 하는 인간 존
재가 아니다. 우리는 인간적인 경험을 하는 영적인 존재다." 불교의 윤회
개념에 따르면 우리의 주된 정체성은 인간의 몸이 아닌 영혼에 있고, 영
혼은 지금 우리가 사는 이번 세상의 삶 이전에도 여러 번 환생했다. 환생
할 수 있는 세계는 6가지 영역으로 나뉘고, 이 중에는 인간의 세계처럼
좋은 영역이 있는가 하면 귀신이 있는 악한 영역도 있다. 전생에서 좋은
덕목을 쌓은 덕분에 우리는 지금 살아 숨 쉬는 인간으로서 좋은 운을 경
험하고 있다.

그것이 얼마나 특별한 일인지 생각해보자. 우리는 의식과 열정과 개
성을 부여받아 빙글빙글 도는 이 거대한 돌덩이에 우연히 도달했다. 우
리는 자신의 운명을 살아갈 잠재력을 가지고 있다. 자기 자신을 막중한
책임감을 가진 1명의 인간 노동자가 아니라, 소중하고 특별한 영혼으로
여기기 시작하면 삶이 다르게 보인다. 그럭저럭 지나가는 생활이 아니라,
자신이 가진 내면의 천재성에 어떻게 연결되고 활력을 불어넣을 수 있는
지가 일상의 관건이 된다.

우리가 인간으로 환생하는 엄청난 선물을 받은 것이 초보 창업자들
처럼 일하기 위해서는 아닐 것이다. 그들은 무한한 근무 시간을 달성하
며, 자신을 한계까지 밀어붙인 후에 일주일에 두어 시간을 끌어모아 자
기를 돌보고 그저 괜찮다고 느낀다. 우리의 영혼이 소중한 인간의 삶으

로 환생했을 때 분명 이러한 삶을 의도하지는 않았을 것이다. 우리는 성장하고, 활약하고, 발전하고자 여기에 있다. 자신이 가진 내면의 천재성을 자유롭게 풀어주고 진정한 성공을 만들고자 여기에 있다.

바로 이를 위해 우리의 에너지를 강화하는 것이다. 이번 성공 전략을 배우는 것은 그저 업무에 전념하는 사이사이에 자기 돌봄을 위한 시간을 찾는 것이 아니다. 우리는 지금 훨씬 더 심오한 일을 하고 있다. 우리는 자신이 귀중한 윤회를 경험 중인 존재라는 사실을 알아야 하며, 이를 감사히 받아들이기 위해서는 무슨 일이 있어도 마음과 몸과 영혼을 최우선에 두어야 한다는 것을 인지해야 한다.

에너지는 이상하고 모호한 말이다. 에너지에서 가장 쉽게 떠올릴 수 있는 것은 전기와 연료다. 에너지는 빛을 공급하고 기계를 움직이는 데 사용하는 동력이다. 여기서 우리가 이야기하는 에너지는 우주적 생명력이라고 일컫는 영적 에너지를 뜻한다. 그것은 모든 생명체, 즉 동물과 식물, 인간 모두에게 동력을 주는 물질이다. 우리가 영혼을 실체적으로 경험할 수 없는 것과 마찬가지로 에너지도 보거나 만질 수는 없지만, 영혼과 에너지는 모두 실재하며 없어서는 안 되는 것이고, 형이상학적인 차원에서 반드시 존재한다.

한의학에 따르면, 신체에는 12개의 주요 경맥이 있다. 이는 팔다리와 장기를 연결하여 에너지가 오가도록 해주는 통로로 우리가 왕성해질 수 있는 능력을 준다. 머리부터 발끝까지 이어져 온몸을 에워싼 12개의 강력한 연장 전선이라고 생각하면 된다. 경맥이 맑게 뚫려 있으면 에너지가 자유롭게 흐르면서 우리에게, 그리고 우리가 가진 내면의 천재성에게 동력을 준다. 에너지가 흐르지 못하고 막히면 정신적, 영적, 신체적으로 고통을 일으킨다. 에너지를 강화하는 것은 우리의 마음과 몸과 정신이 최고인 상태에서 활동할 수 있도록 에너지를 최적화하는 방법을 배우는 일이다.

우리는 배가 고픈지, 피곤한지 아니면 고통스러운지 정확히 짚어 말할 줄 알지만, 에너지를 확인하는 데는 익숙하지 않다. 중국 전통 의학에는 3가지 보물이라는 또 다른 개념이 있는데, 이는 에너지가 우리에게 어떤 역할을 하는지 이해하는 데에 유용하다(158쪽 표18 참조).

먼저 머릿속에 촛불을 떠올려보자. 그 촛불이 바로 나, 즉 마음과 몸과 영혼이다. 3가지 보물 중 첫 번째인 정精은 본질을 뜻하고 양초를 가리킨다. 정은 물리적으로 양초를 양초로 만드는 것이고, 육체적으로 '나'를 '나'로 만드는 것이다. 정이 많을수록 양초가 커지고 나의 삶은 양초가 작은 사람보다 더 오래 더 강렬하게 탈 것이다. 정의 상태를 확인하기 위해 나는 이렇게 자문해본다. '오늘 나는 얼마나 안정된 기분인가?'

3가지 보물 중 두 번째는 '활력 있는 생명력'을 의미하는 기氣로 촛불의 불꽃이다. 기가 부족하면 생명력과 에너지와 열정이 결핍되어, 일할 능력이 없어진다. 초가 잘 타지 않는다. 무엇을 하더라도 불이 잘 붙지 않는다. 기가 충분하지 않은 사람들은 피곤하고 지친다고 느낀다. 기가 풍부한 사람들은 생생하고 활동적이다. 기의 상태를 확인하기 위해 나는 이렇게 자문해본다. '오늘 나는 얼마나 활발한가?'

마지막으로, 세 번째 보물은 신神이다. 이것은 영적인 연계이자 진정한 지혜, 의식이며 촛불이 내뿜는 빛으로 상징된다. 신이 튼튼하면 내면의 천재성은 밝고 환하게 빛난다. 신이 약하면 내면의 천재성은 흐릿하고 멍해진다. 불안하고, 확신이 서지 않으며 부주의해진다. 신의 상태를 확인할 때, 나는 이렇게 자문한다. '오늘 나는 얼마나 정신이 또렷한가?'

에너지 회복력이 충분할 때, 우리는 마치 거대한 양초처럼 강렬하게 타오르면서 아름다운 빛을 발산한다. 안정적이고, 활발하며 명석하다. 에너지 회복력 없이는 우리의 빛과 가장 위대한 재능을 내보일 수 없다. 지금 바로 에너지 회복력의 상태를 확인해보자. 내가 고객들에게 묻는 것처럼 당신에게 묻겠다. '오늘 당신의 개인적인 안녕은 1점에서 5점까지 점수로 평가해보면 몇 점일까?'

5점 완벽하다 : 변화가 필요하지 않다.

4점 좋다 : 개선될 부분이 있다.

3점 참을만하다 : 상당한 조정이 필요하다.

2점 참을 수 없다 : 대대적인 정비가 필요하다.

1점 밑바닥이다 : 완전히 소모됐다.

당신은 강한 압박과 장애물이 있어도 최상의 상태에서 탁월한 실력을 발휘하는 창업자 A 그룹과 같은 쪽인가? 아니면 장시간 동안 지치도록 일하는데도 원하는 것을 얻지 못하는 쪽인가? 에너지 회복력을 함양하기 시작하면, 그 창업자들이 그랬던 것처럼 삶에서 커다란 변화를 보게 된다. 여기에는 다음과 같은 것들이 포함된다. 당신은 이러한 요소들을 모두 가질 수 있다.

- 한층 나은 해법으로 한층 빠르게 생각하게 만드는 **결단력**
- 이제까지 경험했던 것을 훨씬 뛰어넘는 **창의성**
- 삶에 대한 더 큰 **자신감, 활력, 열정**
- 꾸준히 느끼는 **안정감과 차분함**
- 동료와의 소통 및 **관계 개선**

3단계 성공 전략은 자신을 돌보는 것이 곧 자신의 일을 돌보는 셈이라는 간단한 생각으로 귀결된다. 이는 '자기 돌봄'을 하면 좋지만 하지 않아도 그만인 것, 여유가 생기면 하는 것으로 생각하는 일반적인 이해 수준을 넘어선다는 뜻이다. 에너지를 강화한다는 것은 마음과 몸과 영혼을 위해, 특히 시간을 내기 어려울 때도 이 일을 일관성 있게 한다는 것을 의미한다. 만약 당신이 어느 정도 고생을 해야 성공도 할 수 있다고 배웠다면 생각의 전환을 해야 할 것이다. 지나친 고생은 아무 의미가 없다.

이번 장과 다음 장에서 배운 것을 내면화하다 보면 개인적인 안녕을 우선시한다고 해서 게으르고, 의욕이 없거나 형편없는 노동자라는 뜻이 아니라는 걸 깨닫게 될 것이다. 마음을 조금 더 열어보자. 업무와 직접적인 관련은 없더라도, 어떤 업무 활동보다도 실적을 향상하는 데 도움이 되는 습관을 배우게 될 것이다. 이러한 일을 시간을 소모하거나 일에서 멀어지는 것으로 보지 말고 당신이 이룰 더없이 진정한 성공이 자라게 될 필수적인 토양으로 생각하자. 그것이 바로 성공의 카르마다.

14장

눈앞에 있는 것에 집중하라

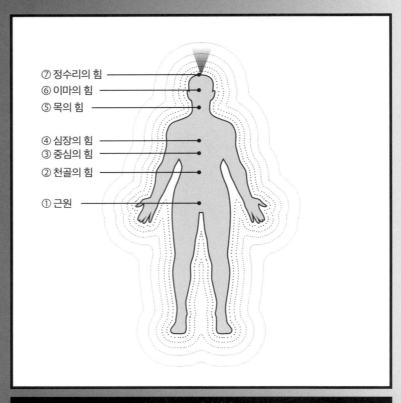

⑦ 정수리의 힘

⑥ 이마의 힘

⑤ 목의 힘

④ 심장의 힘

③ 중심의 힘

② 천골의 힘

① 근원

표19 에너지체

우리는 직관적으로 서로의 에너지를 감지한다.
에너지체는 설령 육안으로는 보이지 않더라도,
언제나 자신의 모습을 드러낸다.

우리는 직관적으로 서로의 에너지를 감지한다

우리는 몸에서 독소를 제거하기 위해 땀과 눈물을 흘리고 화장실에 간다. 우리는 머리를 감고, 손을 씻고, 옷을 세탁한다. 우리는 꾸준히 신체의 외관을 깨끗하게 한다. 에너지를 강화할 때 중요한 단계는 에너지체를 깨끗하게 하는 방법도 배우는 것이다. 에너지체는 스펀지처럼 주변의 부정성과 혼란, 스트레스를 흡수하므로 꼭 짜내서 잔해를 배출해 우리가 최고의 상태를 유지할 수 있도록 해야 한다.

이 책을 통해 당신은 보이지 않는 것을 감지하는 방법을 배워왔다. 고도의 육감에 귀를 기울이고, 자존심을 점검하고, 자신감 은행 계좌의 잔액을 늘리는 방법을 연습했다. 이러한 직관적인 기술은 필수적이지만 눈에 보이지 않는다. 이메일을 쓰고, 코딩하고, 스프레드시트를 만드는 것처럼 우리가 직장에서 쓰는 구체적인 기술과 달리, 직관적인 기술의 도움이 필요할 때는 물리적으로 볼 수 없다. 그러나 우리는 그런 것들을 느끼는 데 능수능란해질 수 있다. 또한, 보이지 않아도 자신의 에너지체를 가늠하는 방법을 배울 수 있다.

이 기술은 우리에게 자연스럽게 생긴다. 에너지가 맑고 강한 사람이 어떤 느낌인지 누구나 안다. 그런 사람이 가까이 있으면 이내 평온함이 찾아오고, 편안해지며 영감을 받는다. 누군가 머리 위에 먹구름을 이고 다니는 듯하면 그것 역시 당신은 느낄 수 있다. 그들 주변에는 다가가기가 부담스럽다. 좋든 나쁘든 설령 육안으로 보이지 않아도 에너지는 항상 자신을 드러낸다.

지금 당신의 에너지체는 어떤가? 당신이 그것을 감지할 수 있다고 상상을 시작해보자. 우리의 몸 전체를 둘러싼 밝은 빛의 구체로 생각해보자. 이제 거기에 세부적인 모습을 더해본다. 직관의 분출구를 열고 자신을 둘러싼 에너지에 대한 이 질문들에 답한다.

첫째, 얼마나 큰가? 때때로 우리의 에너지는 방을 가득 채울 수도 있다. 사람들 앞에서 이야기하거나 사람들을 즐겁게 해주고 있을 때는 특히 그렇다. 다른 경우, 북적이는 비행기에서처럼 관심을 받고 싶지 않을 때는 에너지가 물러나 몸에 착 달라붙는다. 일반적으로, 에너지가 더 확장될수록 그 사람은 더 눈에 띄고 기억에 남는다. 에너지장이 크면 또한 흡수할 수 있는 표면적이 더 넓어진다는 뜻이므로, 좋든 나쁘든 다른 사람들에게 영향을 받을 가능성도 더 커진다.

둘째, 얼마나 밝은가? 에너지장이 강하면 밝게 빛나고, 약하면 희미하다. 배고프거나, 피곤하거나 어떤 식으로든 고갈되어 있을 때 나의 에너지장은 흐리고 어두워진다. 코칭이나 글쓰기, 요가나 좋아하는 다른 활동을 할 때 나는 에너지가 밝아지는 것을 느낄 수 있다. 당신의 에너지는 어떻게 느껴지는가?

셋째, 얼마나 빨리 움직이는가? 빠른 에너지는 활동적이고 생생하지만, 너무 빠르면 혼란스러워진다. 느린 에너지는 차분하고 흔들리지 않지만, 너무 느리면 나른해진다. 불안하거나 흥분했을 때, 나는 의도적으로 에너지의 속도를 늦추고 거의 움직이지 않을 때까지 진정시키려고 노력한다. 그와 달리 너무 무기력할 때는 속도를 높이고 다시 에너지가 흐르게 하려고 노력한다. 당신은 오늘 어떤 기분이고, 에너지의 속도는 어느 정도인가?

에너지에 주의를 기울이는 습관이 생기면, 하루 동안 에너지가 어떻게 자연스럽게 변화하는지 알게 될 것이다. 좋은 소식을 들으면 에너지가 더 크고 밝아질 수도 있고, 불안할 때는 더 줄어들 수도 있다. 아마도 사랑하는 사람 주변에 있을 때는 에너지가 발산되고, 자신을 고갈시키는 사람들과 함께 있을 때는 희미해질 수 있다. 자신의 에너지장을 상상하는 연습은 시늉만 내는 것처럼 느껴질 수도 있지만 내면의 천재성을 돌보고 지지하는 방법을 배우는 데 필수적이다.

몸에서 배고픔이나 갈증 또는 짜증을 알아차리는 법을 배울 때와 마찬가지로 여기서도 자신을 믿도록 하자. 내가 상상하는 모든 것은 진실을 대리해 나온다는 것을 알아두자. 우리의 직관은 정확하다. 우리의 에너지장에 관해서는 더욱 그렇다.

에너지를 시각화하는 것 외에도 에너지에 도움이 필요할 때 나타나는 증상을 알아차리는 방법을 배워 문제를 해결할 수 있다. 에너지체가 약할 때는 다음과 같은 것을 느낄 수 있다.

· 감이 없고 창의적인 면에서 가로막히거나, 열정과 멀어진 것 같다.
· 잠을 잘 잤는데도 무기력하거나 지친다.
· 음주, 과식, 또는 장시간 TV 시청과 같은 행동을 통해 멍하니 있고 싶은 욕구가 든다.
· 결단력이 없고, 불확실하며 자기비판에 휩싸인다.
· 자신이 낸 결과에 좌절하고, 쉽게 일을 끝낼 수 없다.

좋은 소식은 에너지가 제대로 작동하지 않을 때는 에너지를 정화하기가 쉽다는 것이다. 3가지 주요한 에너지 정화제는 자연과 움직임, 휴식으로 떠오르는 것과 다를 바 없이 단순하다. 눈치챘겠지만, 이렇게 제안하는 방법들은 거창하거나 복잡하지 않으며 놀라운 것도 아니다. 사야 할 것도 없고, 전문가와 상담도 필요하지 않으며 난해한 지식도 필요하지 않다. 굳이 어떤 수고를 더하지 않아도 매일 우리의 삶에서 일어나야만 하는 일이고, 이는 우연이 아니다. 우리 인간은 자연과 더불어 존재해야 하고, 매일 밤에는 잠을 자야 하며, 돌아다니고 살아가기 위해서는 몸을 움직이는 것이 필요하다. 에너지 정화는 늘 힘들이지 않고 일어나게 되어 있다.

오늘날 우리는 나무가 부족한 지역에서 컴퓨터에 달라붙은 채 책상 앞에서 쉬지 않고 바쁜 삶을 살아간다. 그렇기에 더더욱 에너지 정화에 전념할 필요가 있다. 우리가 얼마나 단절되어 있는지 생각해보자. 보통 아이들은 1,000개 이상의 기업 로고를 알아볼 수 있지만, 식물의 이름은 10개 이상 말할 수 없다. 성인의 22%만이 매일 권장량의 운동을 하고, 3분의 1은 매일 밤 충분히 잠을 자지 못한다. 우리 대부분은 이 3가지 주요 에너지 정화제가 부족하다. 따라서 우리는 에너지 회복을 위해 자연과 움직임과 수면을 단호히 추구해야 한다.

자연으로 가라

산이나 해변에 가면 얼마나 기분이 좋은지 떠올려보자. 그 풍경과 소리와 냄새는 우리를 진정시킨다. 우리는 태어날 때부터 주변의 식물과 땅에서 혜택을 얻게 되어 있었다. 일본인들은 자연의 효능을 매우 잘 이해하여 이를 위한 건강 습관을 체계화했다. '산림욕'은 1982년 일본 농림수산성이 만든 용어다. 그것은 신체적이고, 심리적인 건강을 증진하기 위해 자연에서 시간을 보내는 단순한 기쁨을 가리키며 일본의 예방보건관리에서 중요한 부분을 차지한다. 북유럽 국가들의 아기들은 기온이 내려갈 때 야외에서 낮잠을 자는데, 신선한 공기가 그들에게 유익하기 때문이다. 대평원 지대의 토착민들은 천연 재료로 만든 한증막의 열로 정화되었다.

사해와 같은 전 세계의 수많은 수역 같은 경우 치유하는 특성이 있는 것으로 유명하다. 우리는 아플 때 차를 마시고 집에서 끓인 수프를 먹는다. 자연은 항상 우리를 고쳐준다.

나무는 나무껍질에서 세균과 질병을 막아주는 기름을 분비한다. 나무와 그 기름 근처에 있으면 인체도 같은 작용을 하도록 촉진된다. 단지 식물에 가까이만 있어도 면역 체계가 증진하고, 이산화탄소와 화석 연료의 미세먼지가 걸러진 공기를 속에 채우게 된다. 나무 옆에 앉아서 나무와 자신의 에너지장이 섞여들도록 해보자. 그것이 얼마나 기분 좋은지 주의 깊게 느껴보자. 기분이 좋아졌다면 당신은 정화된 것이다.

심지어 야외에서 식물들 사이에 10분만 머물러도 즉각적인 효과가 있다. 뉴욕에 갇혀 자연에 갈 수 없을 때 나는 사리염* 목욕을 하면서 지구의 요소인 물과 미네랄 속으로 들어가 앉는다. 나는 날마다 몇 컵씩이나 되는 소금을 쓴다. 11kg짜리 소금 자루를 질질 끌고 5층 계단을 올라 집까지 가져오는 일을 감수할 정도로 나에게 이 목욕은 엄청난 생산성을 가져다준다. 욕조가 없다면, 샤워를 오래 하면서 원하지 않는 에너지를 물이 씻어내 준다고 생각해보자. 긴장을 풀고 천천히 길게 호흡하면서 에너지체에 갇혀 있던 부정성이 씻겨 내려가고 배수구로 사라진다고 상상한다. 상상만으로도 내 몸은 변화한다. 그렇게 정화되리라 믿는다.

---

*   황산마그네슘 성분으로 입욕제로 사용하기도 한다.

움직여라

고대 힌두 전통에서 유래한 차크라Chakra 체계에 따르면, 몸에는 일곱 군데의 에너지 중심이 있다(168쪽 표19 참조). 이것은 골반 아래에서 시작해 상체를 타고 올라가 정수리에서 끝난다. 바퀴처럼 회전하는 이 에너지는 부정적인 영향을 제거하는 데 필수적이다. 이것이 바로 내가 요가를 사랑하는 이유다.

요가는 에너지가 위아래로 흐르는 주요 통로인 척추에 작용하고, 모든 차크라는 척추를 따라 집중된다. 육체적 요가에서 뒤트는 동작은 차크라를 짜내는 실천이고, 나는 표준적인 태양 경배 자세를 단 10분만 유지해도 내 에너지체에 초강력 세탁기처럼 작용한다는 것을 깨닫는다. 몸을 뒤로 젖혔다가 앞으로 숙이며 자세를 바꾸다 보면 내 에너지가 능숙하게 움직인다. 정체된 에너지가 많이 모여서 정화가 필요할 때는 공원을 힘차게 달리거나 빠르게 걷는다. 보도에서 발을 쿵쿵 구르면 들러붙은 것을 털어내는 데 도움이 된다.

즐거움이 가장 중요하다. 따라서 자신이 좋아하는 신체적 활동을 선택하자. 피클볼이나 필라테스, 무엇을 하든 차크라와 에너지를 활성화하는 데 유용한 비틀기, 앞으로 구부리기, 뒤로 젖히기 등의 척추 운동과 결합하는 것을 잊지 말자. 나는 가끔 책상에서 타이머를 3분으로 설정하고, 고양이 자세와 소 자세로 스트레칭을 한 다음 몸통을 좌우로 돌리곤 한다. 이렇게 하면 단 몇 분 만에 새로운 내가 된 기분이 든다.

휴식을 취하라

깊숙한 곳까지 속속들이 에너지 정화가 필요할 때, 최고의 방법은 잠을 자는 것이다. 쉬는 동안 몸은 스스로 열심히 전신全身을 해독한다. 뇌에서 독소를 씻어내 흐리멍덩하지 않게 기능하도록 하며, 호르몬을 방출해 염증을 억제하는 동시에 혈액, 산소, 영양소가 손상된 조직과 근육을 복구하도록 한다.

수면은 에너지체에 이와 똑같은 효력을 미친다. 특히 잠자리에서 혼자 잔다면, 그동안 쌓인 부정적인 에너지를 방출할 수 있다. 만약 계속 손실이 있었다면, 정화에는 며칠에 걸친 숙면이 필요할 수도 있다는 것을 명심하자.

과거의 나는 자는 시간을 원망스러워하곤 했다. 처리해야 할 이메일과 봐야 할 방송, 또는 연락할 친구가 더 있다고 믿었다. 너무 오래 일해서 여가 시간이 거의 없었기 때문에 그나마 있는 여유 시간을 수면으로 낭비하고 싶지 않았다. 하지만 이제는 침대에 있는 동안 내 몸과 에너지장이 나를 돕기 위해 얼마나 열심히 일하는지 알고 있으므로 나의 정신과 신체와 에너지를 돌볼 수 있는, 즐거운 8시간의 수면이 감사하다.

자연, 움직임, 그리고 휴식을 당신은 어떻게 다루고 있는가? 어떤 이유에서든 이것들을 충분히 얻지 못하고 있다면, 그 상황을 바꾸는 것을 최우선 과제로 삼아야 한다. 제약이 많은 현대 생활에서 우리가 자연·움직임·휴식을 계획하지 않는다면, 위험할 정도로 빠르게 추락할 것이다.

그러면 우리의 에너지장은 오염된 상태로 남고 우리는 최상의 상태로 활동할 수 없게 된다.

　나는 많은 고객이 운동이나 수면과 같은 '비생산적인' 활동을 줄이면 더 많은 일을 할 수 있다고 생각하는 것을 보았다. 그들은 그 시간을 해야 할 일을 처리하는 데 쓰고 싶어 한다. 시간이 지남에 따라 그들은 생각이 흐려지고, 주의가 산만해지며, 지치고 의욕이 없어진다. 그래서 더욱 열심히 일하지만, 에너지가 너무 약해진 탓에 어떤 것도 도움이 되지 않고 결과적으로 처리하는 일은 훨씬 적어진다. 효율적이라 착각하게 되는 것이다.

　우리는 여기서 장기전을 하고 있다는 것을 명심하자. 무분별하게 열심히 하는 대신에 영리하게 일하는 방법을 배우는 것이다. 귀한 시간을 자연·움직임·휴식에 투자하면, 이 노력은 10배의 보상으로 돌아온다. 이전까지 경험하지 못한 탁월한 생각을 하게 해준다. 한 주를 계획할 때, 언제나 이 3가지 중요한 요소들을 우선순위 목록의 맨 윗자리에 넣자. 이메일이나 회의, 심지어 긴급한 프로젝트보다 앞서야 한다. 좋은 컨디션을 유지하는 것만 이야기하는 것이 아니다. 여기서 중요한 것은 '생존'이다. 이것들은 본성적이고, 인간적이며 논쟁의 여지가 없이 필요한 요구다. 이 3가지 정화제를 반드시 일상에 끼워넣어야 한다. 오늘, 자신의 에너지체가 갈망하는 삶을 선택하고 자신의 비범한 자질이 활짝 꽃피는 것을 지켜보자.

에너지 연습 ① : 정화

1. 자연·움직임·휴식, 3가지 주요한 에너지 정화제 중 하나를 고른다.

2. 자신의 삶에서 가장 부족한 것을 선택하자.

3. 단, 이틀 동안 이 정화제를 가득 채우겠다고 약속한다.

4. 이제 어떤 일이 일어나는지 주의 깊게 살핀다.

5. 무기력하고, 불확실하고, 우유부단하다는 느낌이 덜한가?

6. 영감과 창의성과 집중력이 확장되는 것을 느낄 수 있는가?

15장

당신을 경호하라

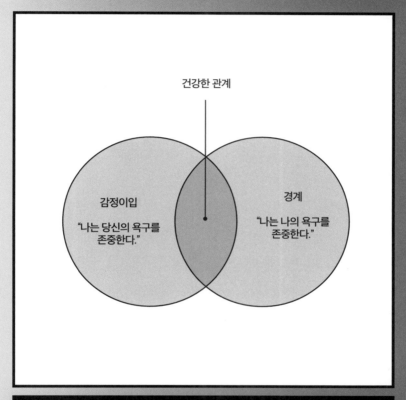

건강한 관계

감정이입

"나는 당신의 욕구를
존중한다."

경계

"나는 나의 욕구를
존중한다."

표20 건강한 관계를 가지는 법

스스로의 경계를 지키는 것은 건강하고 힘이 되어주는 관계의 핵심이다.

경계를 만드는 습관이 나를 지킨다

글로벌 슈퍼푸드 브랜드 골드Golde의 공동 설립자인 트리니티 무존 워퍼드Trinity Mouzon Wofford는 어머니가 염증성 만성 질환인 류머티즘 관절염에 시달리며 자주 몸져눕는 모습을 보면서 자랐다. 어머니에게 닥친 어려움을 가장 가까이서 본 그녀는 다른 사람들이 건강한 삶을 살도록 돕겠다고 다짐했고, 대학을 졸업한 직후에 사랑과 일을 모두 함께하는 사람, 이세이 코보리와 협력해 골드를 시작했다.

친구들이 파티에 가는 동안 트리니티와 이세이는 밤늦게까지 일했다. 두 사람은 회사의 모든 일을 책임지고 있었다. 트리니티는 내면의 천재성에 귀 기울이며 그 인도에 따라 새로운 제품을 개발했다. 골드에서 가장 판매성적이 좋은 제품 중 하나인 '클린 페이스 마스크'는 즉흥적으로 탄생했다. 트리니티는 도시의 공기 탓에 얼굴에 뾰루지가 났고, 모공이 막혔다. 증상에 도움이 되는 것을 찾지 못했던 그녀는 어느 날 골드의 제품 개발 캐비닛을 뒤져 클로렐라와 스피루리나 분말을 섞어 얼굴에 발랐다. 이윽고 얼굴을 씻어내자마자, 그녀는 히트 상품을 만들어 냈다는 것을 알았다. 두 사람은 작은 아파트에서 둘만의 힘으로 사업을 일구어 내며 세 번째 성공 연습을 하면서 행복하게, 조급하지 않게 살고 있었고, 그 과정에서 성공의 카르마를 경험하고 있었다.

골드를 시작한 지 1년도 안 되어, 두 사람은 사업 초기 단계인 기업을 확장하는 데 관심이 있는 투자자들에게 주목받기 시작했다. 당시 그들은 수익을 써버릴 수도 있었지만, 둘 다 급여를 가져가지 않고 임대료를 제외한 전액을 다시 회사에 투자했다. 그들은 매주 40달러를 들고 농산물 직판장으로 가서 장을 봤다. 그리고 채소를 절여 만든 피클과 밥을 매일 먹었다.

외부에서 투자를 받으면 재정적으로 안정이 보장되었지만, 트리니티는 첫 번째 투자자를 거절했고, 수년에 걸쳐 손을 내미는 새로운 투자자들도 계속 거절했다. 창업자들은 대부분 외부 자금 지원을 성배로 여기지만, 트리니티는 자신의 독특한 비전과 제품의 품질, 고객과의 관계에 집중하려면 골드를 계속해서 자력으로 이끌어가야 한다는 것을 직관으로 명확히 알았다. 그녀는 거절을 통해 회사의 에너지를 보호했다.

결국 그녀는 직관적으로 적절한 시기라고 느꼈을 때, 비로소 투자를 받아들였다. 하지만 그녀는 경계를 만드는 습관은 굳건히 지켰다. 트리니티와 이세이는 그들의 에너지를 지키기 위해 브루클린을 떠나 허드슨 밸

리로 이사했다. 자연을 접할 수 있어 활력을 주는 곳이었다. 그곳에서 두 사람은 루비를 낳았다. 바쁜 회사를 운영하면서도 언제나 가족을 최우선으로 생각하고, 트리니티는 루비를 양육하기 위해 하루 내내 시간을 낸다. 그녀와 이세이는 함께 맛있고, 건강한 음식을 요리하고, 골드의 제품으로 여러 가지 도전을 하는 데서 꾸준히 즐거움을 찾는다.

6년 동안, 트리니티는 임대료를 내기에 부족하지 않은 돈을 벌겠다는 처음의 목표에서 크게 발전했다. 골드는 각종 로드숍의 진열대에서 확실한 마니아층이 있는 브랜드로 성장했다. 그녀의 힘은 중요한 순간, 아니라고 말할 수 있는 능력에서 비롯되었다. 그녀는 초기 투자자들에게도, 분주한 도시 생활에도, 젊은 창업자로서 회사를 최우선으로 하기 위해 가정을 뒤로 미루어야 한다는 치명적인 기대에도 아니라고 말했다. 트리니티는 무엇이 자신의 에너지를 고갈시키는지 잘 알고, 그로부터 자신을 보호하는 방법을 배웠다. 이것이 바로 그녀가 성공의 카르마를 만들어 낸 비결이다.

아니라고 말해야 할 때, 아니라고 말하라

아니라고 말하는 방법을 배우는 것은 에너지를 강화하는 데 본질적인 요소다. 결국 에너지장은 다른 것과 마찬가지로 하나의 경계이며, 우리는 자연, 움직임, 휴식처럼 안으로 들어오는 것을 결정할 뿐 아니라 트리니티가 했듯이 무엇을 들이지 않을지도 선택할 수 있다. 이번 장에서 우리는 무엇이 에너지를 고갈시키는지, 언제 아니라고 말해야 하는지 어떻게 더 나은 경계를 세울 수 있는지를 탐구할 것이다.

나는 오랜 시간 동안 꾸준히 지쳐 있는 듯한 기분을 느끼는 고객에게 에너지 진단 연습을 제안한다. 그를 통해 자신을 고갈시키는 사람과 상황, 책임을 파악하게 한다. 고객은 온라인 일정표를 이용해 긍정적인 에너지의 상호작용은 모두 1가지 색으로 표시한다. 이를테면 활기찬 기분을 주는 회의나 업무 활동, 과제 등이다. 다음으로 모든 소모적인 활동을 다른 색으로 표시한다. 고객을 지치고 녹초가 되게 하는 일상적인 책무들이다. 한 주가 지나면 일정표가 상황을 명백하게 말해준다. 우리는 얼핏 보기만 해도 무엇을 바꾸어야 하는지 알 수 있다.

나는 다음 일주일 동안 당신이 에너지 진단을 해보기를 권한다. 진행하면서 하루에 에너지를 공급하는 활동과 소모하는 활동이 어떻게 균형을 이루는지 주목해보자. 무엇이 당신을 채우고 무엇이 지치게 하는가? 당신을 가장 지치게 만드는 사람과 상황, 순간에 특히 관심을 쏟자. 그중에서도 구체적으로 어떤 점이 당신을 지치게 하는가?

혹시 자신이 '감정이입자'가 아닌지 고려해보자. 감정이입자는 주변 사람들의 감정과 성향에 매우 민감한 사람을 일컫는다. 마치 머리 위에 다른 사람들의 생각과 감정에 특별히 민감한 안테나가 추가로 달린 것과 같다. 감정이입자가 회의에 참석하면, 언어적인 말을 이해할 뿐만 아니라 대화에 담긴 더 깊은 감정을 직관할 수 있다. 감정이입자에게는 명백해 보이는 것이 다른 사람들에게 보이지 않는 경우가 종종 있다.

이 설명에 부합하는 사람이라면 자신의 에너지 경계를 보호하기 위해 훨씬 더 단호해져야 한다. 자신의 세계에서 허용되는 것과 그렇지 않은 것에 대해 분명히 할 필요가 있다. 감정이입자는 다른 사람들보다 사람들과 상황으로 인해 훨씬 더 고갈되는 기분을 느끼기 때문이다. 감정이입자가 아닌 사람들도 분명히 부정성과 독성을 흡수하지만, 감정이입자는 그런 부정적인 영향을 마치 자신의 것인 양 받아들여서, 몇 시간 혹은 며칠 동안 혼란스러운 기분을 느끼는 탓에 긍정적인 에너지 상태로 돌아가기 훨씬 더 어려워진다. 감정이입자는 그러한 영향이 아예 처음부터 허용되지 않도록 하는 편이 좋다.

감정이입자나 그렇지 않은 사람 모두에게, 자신의 에너지를 보호하는 첫 번째 단계는 자신의 삶 속에 있는 사람들을 검토하면서 '에너지 뱀파이어'가 있는지 생각해보는 것이다. 에너지 뱀파이어라고 부르는 이유는 의도적으로 또는 무의식적으로 상대의 에너지를 고갈시키기 때문이다. 친절하고, 동정심이 많고, 공감력이 있는 사람들은 그들에게 가장 쉬운 먹잇감이다. 그들은 당신의 관심을 원하고, 당신의 확인이 필요하다. 그들은 끊임없이 감정적인 유대를 갈망한다.

누군가가 에너지 뱀파이어일 수도 있다는 가장 확실한 단서를 찾으려면 그의 주변에 있을 때 당신이 어떻게 느끼는지 주목해야 한다. 그 사람과 시간을 보낸 후에 지친 기분이 드는가? 더 비관적으로 생각하거나, 좌절감, 혼란스러움, 또는 우울함을 느끼는가? 그 사람과 물리적으로 분리된 후에도 그 에너지와 단절하기가 어렵다고 느끼는가? 에너지 뱀파이어들이 사용하는 전략에 주의를 기울이기 시작하자. 에너지 뱀파이어의 특징으로 여기 몇 가지 예가 있다.

- **당신을 과소평가한다** 그들은 당신을 완전한 사람으로 보지 않는다. 그들은 자신과의 관계 속에서만 당신을 보고, 그들을 위해 당신이 하는 역할만을 생각한다.
- **당신의 말을 듣지 않으며 쉴새 없이 이야기한다** 에너지 뱀파이어들은 대화를 지배하며, 스트레스를 당신에게 쏟아붓고 같은 이야기를 반복하곤 한다. 그들은 당신과 이야기를 나누는 것이 아니라, 당신을 향해 말하는 것이다.
- **주장하고, 언쟁하고, 소리 지른다** 대인관계의 긴장은 그들을 편안하고 활기차게 만들지만, 사람 모두를 지치게 한다.
- **피해자 코스프레를 한다** 그들은 책임지는 법을 모른다. 그들은 절대로 잘못한 적이 없고, 항상 다른 사람이나 대상을 탓한다.
- **수동공격성을 띤다** 에너지 뱀파이어들은 화를 낼 수 있지만, 그것에 대해 직접적으로 의사소통하기를 거부한다. 자신의 부정적인 감정을 표현하기 꺼리는 성향은 주변에 먹구름을 드리우고, 모든 사람이 이를 느낀다.

우리 삶에서 만나는 에너지 뱀파이어가 이 모든 행동을 다 할 수도 있고, 단 하나만 할 수도 있다. 이런 행동의 근원에는 불행해지고 싶고, 화내고 싶고, 대립하고 싶은 욕망이 있다. 에너지 뱀파이어들은 같은 물잔이라도 물이 반이나 찬 잔으로 보지 않는다. 사실, 그들은 자신의 문제만 뚫어지게 보며 집착하느라 눈앞의 물잔을 보지도 않는다.

놀라운 점은 우리에게는 누구든, 원하는 사람에게만 에너지장을 열거나 닫을 힘이 있다는 사실이다. 우리는 삶에서 에너지 뱀파이어와 더 적은 시간을 보내는 쪽을 선택할 수 있다. 우리의 관심을 끌려는 그들의 책략을 거부할 수 있다. 만약 동의하고, 협력하는 것이 직장에서 성공하는 길이라고 배웠다면, 이제 그런 담론을 수정할 때다. 우리가 에너지를 방어하는 데 필요한 기술은 나의 평화를 지키고, 경계를 세우고, 자신을 주장하는 것. 이렇게 3가지다.

나의 평화를 지켜라

'정중하고', '사려 깊은' 것은 잊자. 우리는 진 빠지는 대화에서 벗어나도 된다. 내 친구 잭슨은 '나의 평화를 지킨다'라는 단순한 좌우명에 따라 산다. 우리는 자신의 진실성에 부합하지 않는 어떤 헌신도 끝낼 수 있다. 자신을 지치게 하는 사람들에게 아니라고 말할 수 있고, 그렇게 말해야 한다. 이 일은 육체적으로 힘들지는 않지만, 다른 사람들의 필요를 자신의 필요보다 우선시하는 일을 그만두려면 의지가 필요하다.

만약 감정이입자거나 사람들의 비위를 맞추는 습관에서 벗어나려는 사람이라면, 이것은 당신이 필수적으로 숙달해야 하는 단계다. 자신을 보호하는 것은 이기적인 것이 아니라는 사실을 깨달아야 한다. 자신의 안녕을 희생시키면서까지 다른 사람들을 받아줄 이유는 없다. 자신을 보호할 책임이 있는 유일한 사람은 바로 나다. 따라서 그 책임을 진지하게 받아들여야 한다. 나에게 필요한 것과 다른 사람이 원하는 것 사이에서 선택해야 할 때마다 자문해보라. '나의 평화는 어떻게 지켜야 할까?' 그곳에서 나온 대답이 항상 올바른 길이다. 자신의 내면의 평화를 지킬 권리를 옹호할 때마다, 우리의 에너지장은 그 결심에 용기를 얻어 더 밝고 더 강하게 성장한다.

경계를 세워라

오직 마음만으로도 효과적인 에너지 경계를 만들 수 있다. 에너지가 고갈될 가능성이 큰 상황이 있을 때마다 나는 그저 나를 둘러싸는 경계를 시각화한다. 나는 에너지체가 빛으로 공처럼 둥글게 나를 감싼 모습을 떠올리고, 그것을 부정적인 세계에서 나를 보호하는 특별한 비눗방울로 상상한다. 그렇게 하면 나에게는 금세 안도감이 찾아온다. 무슨 일이 있어도 안전해질 거라고 느낀다.

최선을 다했음에도 다른 누군가와의 부정적인 상호작용이 여전히 남아 있다면, 몇 분 정도 시간을 내어 '줄 끊기'를 시각화해보자. 이는 건강하지 않은 관계의 역학에서 벗어나는 간단한 기법이다. 눈을 감고 나의 에너지를 고갈시킨 사람이 맞은편에 앉아 있다고 상상한다. 그 사람의 심장과 내 심장은 굵은 황금 밧줄로 이어져 있다. 이제 그 연결선이 칼이나 큰 가위로 잘리는 장면을 시각화한다. 서로 상대에게서 자유로워지면, 나와 그 사람은 둘 다 만족스럽게 서로를 떠난다. 이 전체 과정은 3분도 채 걸리지 않는다.

시각화로는 충분하지 않다고 생각한다면, 물리적인 경계도 만들 수 있다. 사무실에서 일한다면 책상을 따라 사랑하는 사람들의 사진이나 기념품, 또는 신성한 물건들을 줄줄이 세워 놓고 긍정적인 에너지가 울려 퍼지게 할 수 있다. 일과를 위해 자리에 앉자마자 소음차단 헤드폰을 쓰고, 그 특별한 비눗방울을 주위에 그린 다음에 나의 에너지장 안에서 안전하게 보호되는 모습을 상상한다.

자신을 주장하라

감정체와 에너지체는 서로 연결되어 있다. 한쪽은 다른 한쪽에 영향을 미친다. 감정적인 경계가 온전하다면, 에너지 경계도 마찬가지일 것이다. 바로 그런 이유에서 자신을 옹호하는 것이 에너지를 지키는 데 필수적인 행동이 된다. 더 단호하게 주장하자. 적어도 하루에 한 번은 내가 원하는 것을 주장하자. 자신을 위해 일어설 때마다, 부정적 영향을 견딜 수 있는 에너지장의 능력도 쌓인다. 나는 이 실습을 좋아한다. 아주 사소한 요구라고 생각했더라도, 결국은 나의 안락한 영역 밖으로 나가 스스로의 필요를 표현할 수밖에 없게 하기 때문이다.

하루를 마무리하면서 나는 자문한다. '오늘 나는 자기주장을 했던 가?' 나의 요구를 충분히 지지하지 않았다면, 내가 무엇을 피하는지 확인하기 위해 이메일을 검토하고, 나의 필요와 선호를 주장하는 명확하고 솔직한 이메일을 쓸 것이다. 가장 자신 있게 일과를 끝내는 기분이다. 우리는 이런 일을 하지 않아야 할 핑계를 찾을 때가 많다. 그리고 다음과 같은 생각으로 자신의 필요를 최소화한다.

- '그 사람은 그렇게 나쁘지 않아.' → '그러니 그 사람들과 시간을 보내도 괜찮을 거야.'
- '평지풍파를 일으키면 안 돼.' → '게다가 상황이 그렇게까지 나쁘진 않아.'
- '그들은 내가 필요해.' → '그러니까 이건 내가 해야만 해.'

뇌에서 '해야 한다, 하면 안 된다, 할 수밖에 없다'와 같은 말이 들리면 경계하기 시작하라. 그 말들은 자신의 필요보다 누군가 또는 다른 것을 적극적으로 우선시하는 것을 알리는 위험 신호다. 이런 행동은 당장 멈추겠다고 약속하자. 우리는 무슨 수를 써서라도 자신을 지켜야 하기 때문이다.

이 작업은 논리적인 사고가 아니라 내면의 천재성이 주도한다는 점을 기억하자. 자신의 경계는 누구에게도, 심지어 나 자신에게도 정당성을 증명할 필요가 없다. 이유를 제시할 필요가 없다. 어쩌다 보니 우리는 왜 자신을 돌봐야 하는지 설명해야 하는 습관이 생겼다. 단순히 '기분이 좋지 않아서'라는 이유만으로 충분한데도 말이다. 나의 존재를 타인에게 증명하지 말자.

그것으로 됐다. 오늘, 나 자신이 먼저라고 결정하자. 나의 평화를 지키고 경계를 세우고 자신을 주장하다 보면, 곧 이전까지는 어떻게 살았는지 의아할 정도로 완전한 평온을 느끼게 될 것이다.

에너지 연습 ② : 보호하기

1. 사적이든, 공적이든 자신을 우선순위에 두지 않은 관계를 생각해 보자.
2. 자신의 필요를 희생시키면서 상대방의 요구를 이행했던 과거의 상황을 떠올린다.
3. 이런 반복을 끝내는 행동을 하겠다고 약속한다.
4. 이 약속을 공책에 3번 적는다.

16장

기쁨, 슬픔, 그리고 기쁨

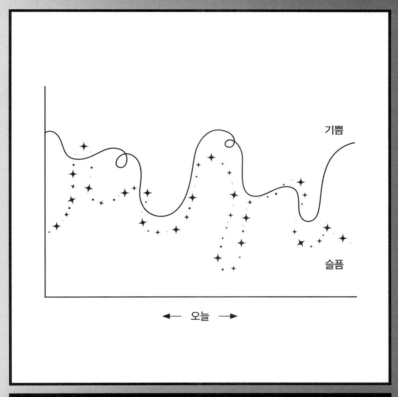

기쁨

슬픔

← 오늘 →

표21 기쁨과 슬픔은 함께 나아간다

불교에서는 삶이 만 가지 즐거움과 만 가지 슬픔이라고 한다.
기쁨과 슬픔이 모두 삶에 근본적인 요소임을 받아들이는 것이다.

견디는 것이 아닌, 즐기는 것

나는 어렸을 때, 자기 일을 즐기는 어른을 1명도 만난 적이 없었다. 내가 접할 수 있는 사례에서 보았을 때 일은 즐기는 것이 아니라, 견뎌야 하는 것이었다. 베트남에서 내 어머니의 가족은 일이라는 걸 생각해본 적이 없을 정도로 아주 부유하게 살았다. 그러던 어느 날, 사이공*이 함락되고 가족은 미국으로 이주했다. 그렇게 밑바닥에서 시작하게 되었다. 어머니는 꽃꽂이와 악기 연주를 잘했지만, 실용적인 일은 할 줄 몰랐다. 그녀는 열일곱 살이 될 때까지 물 끓이는 법을 배우지 않았다는 사실에 자부심을 느꼈고, 심지어 환경이 바뀐 후에도 일에는 특별히 관심이 없었다.

　　어머니는 화장품 매장에서 시간제로 근무하고, 아주 잠시 사회복지

---

* 　현재의 호찌민. 1945년 베트남이 남북으로 갈라진 뒤 1976년 통일될 때까지 남베트남의 수도였다.

사로 일했다. 그녀는 수년 동안 변호사들의 보조원으로 일했지만, 오전 11시까지 침대에서 일어나 출근하는 것을 항상 힘겨워했다. 어머니가 돈에 대해 신경 쓰지 않는 것은 아니었다. 사실은 그 반대였다. 돈을 더 많이 가질 새로운 방법을 끊임없이 구상했지만, 이런 계획들은 보통 낭만적인 연인이나 미신과 관련된 것이었고 실질적인 일은 아니었다. 내가 자란 세상에서 직업은 신분을 의미했다. 의사나 변호사가 되는 것이 최고였고, 충분한 적이 한 번도 없었던 돈은 다른 모든 것보다 우선시해야 했다.

상황은 재미있게 흘러갔다. 나는 어머니와 다른 삶을 살려고 최선을 다했지만, 어떤 면에서는 그녀와 똑같이 자랐다. 어머니와 달리, 나는 일에 대해 반감은 없었다. 그와는 한참 거리가 먼 워커홀릭이 되었다.

나는 일은 힘든 것이라는 그녀의 믿음을 물려받았다. 살면서 어떤 일을 사랑하는지는커녕 어떤 일을 하고 싶은지 자문해본 적도 없었다. 사실 나는 어떤 소명에도 특별히 열정을 느끼리라는 생각이 들지 않았다. 세상에는 일을 재미있어하는 사람들도 있다는 것을 알고 있었지만, 확실히 나는 그들 중 하나는 아니었다.

재무 분야에서 한창 일했을 때, 나는 낯선 사람의 집에서 일과 관련된 가치관을 깨부수는 특이한 경험을 했다. 당시 나는 2년째 비즈니스 코치를 만나고 있었다. 그녀는 '가족 세우기'라는 상담 치료법을 적용한 치유 워크숍을 준비했고 다른 고객들, 친구들과 더불어 나도 초대했다. 남다른 능력이 있는 것으로 유명한 프랑스인 조력자도 초빙했다. 12명이

모인 그 워크숍의 목표는, 각자가 선조들에게 물려받은 트라우마를 치유하는 것이었다.

우리는 차례대로 1명씩 돌아가며 과정을 진행했다. 먼저 조력자가 깨져야 할 가장 해로운 가족 유형을 확인하는 것으로 시작했다. 그런 다음 다른 참가자들은 그와 관련된 가족 구성원의 대역이 됐다. 살아 있는 사람이든 아니든 상관없었다. 마지막으로 진행자는 트라우마를 뒤집고 새로운 길로 인도하기 위해 그러한 유형의 파괴를 실연하도록 그룹을 이끌었다.

조력자는 우리 중 누구도 이전에 만난 적 없었고, 우리를 알아가기 위해서 일부러 살갑게 대하지도 않았으며 특별히 관심을 보이지도 않았다. 쉬는 시간에는 밖에 홀로 서서 줄담배를 피웠다. 하지만 어떻게 된 일인지 상호작용이 제한적이었는데도 그녀는 그룹의 모든 사람에 대해 모든 것을 알고 있었다. 나는 그 점에 큰 충격을 받았다. 새로운 세션이 시작되면, 차례가 된 사람은 단 한 마디도, 심지어 이름조차 말하지 않았다. 우리가 그저 조용히 그 자리에 앉아 있으면, 프랑스 여성은 몇 초 동안 차례인 사람을 바라보다가 일기예보를 읽는 것처럼 그 사람이 가족에게 물려받은 가장 파괴적인 유형을 이야기하곤 했다.

그녀는 한 남자의 조부모가 전쟁 때문에 러시아에서 이주했고, 뒤에 남은 가족들은 모두 사망했다는 것을 알고 있었다. 남자는 미국에서 자랐고 스탠퍼드에 진학해 구글에서 일했지만, 마음속 깊은 곳에는 가족을 잃은 조부모에게 물려받은 슬픔이 있었다. 슬픔은 이제 그가 자신의 아이들과 가까워지는 것을 가로막았다. 또 다른 참가자에게는 그의 어머니가 어린 시절부터 그를 연인으로 생각하고 대했던 탓에 그가 자신의 상대를 찾는 데 어려움을 겪고 있다고 말해주었다. 내 차례가 되었을 때, 조력자는 나에게 이렇게 말했다. "당신은 주변 상황 때문에 고통을 겪은 집안 출신입니다. 당신의 할머니는 너무 많은 고통을 겪은 나머지 자살 시도까지 했습니다. 할아버지는 자기 자신에게 고통스러운 일을 해야 했습니다. 이제 당신도 고통을 받는 것이 당신의 운명이라고 믿습니다." 그녀는 알고 있었다.

할머니는 정말로 젊은 시절에 목을 매려고 시도했다. 부모님이 모두 돌아가시고, 고아로 삼촌 손에 맡겨진 할머니는 심하게 맞고 지냈다. 할머니의 사촌이 보다 못해 목숨을 잃기 전에 도망치라고 간청할 정도였다. 할머니의 남편인 나의 할아버지는 항상 시인이 되고 싶어 했지만, 할아버지의 가족은 그런 진로를 지원해줄 돈이 없었다. 그렇게 할아버지는 젊은 시절의 전부를 온전히 전쟁터에서 보냈다. 그는 사병으로 시작했지만, 결국 남베트남군의 이성장군이 되었다. 내가 세상에서 가장 사랑했던 두 사람인 할머니와 할아버지 모두 꿈을 이룰 기회가 없었고, 우리 집안의 다른 사람들도 다 마찬가지였다. 프랑스 여성과 함께 하는 내 차례가 끝날 무렵, 나는 이 반복된 유형을 깨는 것이 내 의무라는 것을 알았다. 이것이 내 삶의 목적이었다. 나는 우리 가족 역사상 처음으로 행복한 사람이 될 것이다.

나는 밖으로 나와 조력자를 찾아 나섰다. 그녀가 어떻게 그렇게 할 수 있었는지 알아야 했다. "어떻게 이 모든 것을 알고 있죠?" 내가 물었다. 그녀는 담배 연기와 함께 손을 내저으며 이렇게 말했다. "들리거든요." 그녀는 우리 대부분은 사용할 수 없는 지혜의 원천을 접했다. 물론 그녀는 아무것도 모르는 기술 기업 직원인 나에게 그것을 설명해줄 마음은 없었다. 그렇다고 해도, 나는 만족하며 물러났다.

직업을 고를 때 해야 할 일

워크숍 이후, 나는 삶은 고통이라는 이 상속된 믿음을 바꿀 방법을, 특히 일과 관련된 깊은 믿음을 버릴 방법을 코치와 함께 모색하기 시작했다. 과거에는 직업과 관련된 결정을 할 때, 2가지 선별기 중 하나를 사용했다. 첫 번째는 "내 경력에 가장 좋은 것은 무엇일까?", 두 번째는 "나를 그럴듯해 보이게 하는 것은 무엇일까?"였다. 피상적 갈망의 2가지 변형이었다. 내면의 세계에 귀를 기울이기는커녕 외적인 부분에만 집착했다.

코치의 도움으로 나는 그것들을 폐기하고 새로운 선별기를 마련했다. 처음에는 터무니없어 보이는 장치였다. 나는 '나에게 무엇이 가장 재미있을까?'라고 자문하기 시작했다. 성가시게 구는 동료들을 피하는 것처럼 쉬운 일부터 시작했다. 그리고 꾸준히 에너지를 진단하며 일정표에 소모적인 일보다는 활력을 주는 회의들이 더 많아지도록 관리했다. 나는 처음 내디뎠던 큰 발걸음을 기억한다. 나는 정말 하기 싫었지만, 상사만 좋아했던 돋보이는 프로젝트에서 빠졌고, 대신 우리 팀의 다른 누군가에게 그 영광을 넘겼다. 그래도 나는 조금도 아쉽지 않았다. 오히려 시원하고 후련했다.

완벽하지는 않았다. 여전히 성취감을 느끼지 못하는 여러 책무를 맡고 있었지만, 시간이 지나면서 나를 우선순위에 두는 것이 더 익숙해지자 그런 책임들은 점점 더 적어졌다. 그리고 그 과정에서 마법처럼 내 일을 더 잘하게 되었다. 나는 그런 일이 일어날 것이라고 전혀 예상하지 못했다. 재미를 우선시하면 생산성은 떨어질 것으로 확신했지만, 즐거움으로 기준을 바꾼 지 몇 달 만에 승진하였으며 연봉도 크게 인상되었다. 게다가 내 의견은 그 어느 때보다 존중받았다.

그때는 깨닫지 못했지만, 사실 나는 에너지를 강화하는 세 번째 단계를 실행 중이었다. 내가 행복하고 즐거웠기 때문에 나의 에너지체도 생생하고 강력했고, 그러자 나는 돋보이고 존경받게 되었다. 사람들은 나를 권위자로 여겼다. 그들은 내 주변에서 내가 성공할 수 있도록 돕고 싶어 했다. 끌어당김의 법칙대로 나는 항상 일을 힘든 것으로만 여겼기 때문에 정말로 힘든 일을 했었다. 그런데 내가 일을 쉽고 재미있는 것으로 재구성하는 순간, 정말로 재미있는 일을 하게 되었다. 힘듦은 순식간에 사라졌다.

당신은 삶에서 얼마나 많은 즐거움을 느끼는가? 행복하게 깨어나 행복하게 잠자리에 드는가? 하루 동안 대체로 어떤 표정을 짓는가? 내가 가장 좋아하는 불경 구절 중 하나는 삶을 만 가지 즐거움과 만 가지 슬픔으로 묘사한다. 항상 속상한 일들이 있지만, 행복 또한 충만하다. 에너지를 강화하는 이 세 번째 단계를 익히고 확장하기 위해, 당신이 할 일은 매일 만 가지 기쁨의 순간들을 최대한 많이 찾는 것이다. 여기에 찾아보면 실망하지 않을 몇 가지 예시를 바로 소개한다.

좋아하는 아침 일과 만들기

우리의 에너지 수준은 하루 동안 자연스럽게 감소한다. 하루를 기분 좋게 시작할 수 있지만, 차가 늦게 오거나, 회의가 오래 진행되거나 직장에 있는 누군가가 무례하게 굴기도 한다. 우리는 이것을 알고 느낀다. 일과가 반쯤 지나면 피곤해진다. 처음 시작할 때의 활력은 조금밖에 남지 않는다. 그래서 일과가 시작하기도 전부터 할 수 있는 한 모든 긍정적인 에너지를 저장해두는 것이 중요하다. 하루를 5점으로 시작한다면, 점심시간 쯤에는 0점이 되어 있을 것이다. 하지만 10점으로 시작한다면, 오후에도 여전히 에너지가 있을 것이다. 그렇다면, 당신은 무엇을 선택하겠는가?

저마다 좋아하는 아침 일과가 있을 것이다. 당신은 무엇을 좋아하는가? 내 고객 중에는 아이스커피 마시기나 소설 읽기, 자전거 타기, 또는 산책을 즐기는 사람들이 있다. 나는 매일 아침 옷을 갈아입고 초고속으로 아침을 먹는다. 그래야 남은 45분 동안 필라테스나 프라나야마pran-ayama를 하고 남편과 대화하거나 내가 좋아하는 다른 것을 할 수 있다. 그렇다. 긴 시간이지만 노력한 것 이상의 가치가 있다. 탱크를 가득 채우고 출발하면 어디든 갈 수 있다.

소소한 재미 즐기기

바쁘다는 이유로 점심 식사를 소홀히 하는 고객이 얼마나 많은지 정말 충격적일 정도다. 어떤 고객들은 일정이 너무 연달아 있어서 화장실을 이용할 시간조차 없다. 큰 꿈을 추구하기 위해 위험을 무릅쓰고 성공적으로 수백만 달러의 투자금을 모았지만, 인간의 기본적 욕구조차 해소할 시간이 없는 처지라고 상상해보라. 도대체 이런 삶이 말이 되는가? 컴퓨터도 한 번씩 종료해야 하는 것처럼 우리도 휴식이 필요하다. 특히 컴퓨터에 열린 창들이 너무 많을 때처럼 우리 뇌도 적당한 때 종료하지 않으면 과부하가 걸릴 수 있다.

연구에 따르면, 45분간 일하고 15분간 휴식을 취하는 것이 생산성을 높이는 이상적인 비율로 나타났다. 에너지를 증폭시키는 쉬운 방법은 하루를 아주 소소하게, 재미있는 순간들로 채우는 것이다. 15분 정도 시간을 내서 친구에게 전화하거나, 스트레칭을 하거나, 고양이를 쓰다듬거나, 천천히 차를 마셔보자. 내가 즐겁다면 무엇을 하는지는 중요하지 않다. 45분마다 휴식을 취하는 것은 어려울지 모르지만, 가장 중요한 것은 소소한 재미를 즐기는 시간도 없이 3시간 이상 일해서는 안 된다는 점이다.

12가지 기쁨과 12가지 슬픔

작가 게이 헨드릭스Gay Hendricks는 활동을 나누는 네 종류의 양동이가 있다고 설명한다. 우리가 직장에서 하는 모든 행동은 천재성, 우수성, 능숙함, 무능력, 이렇게 4개의 양동이 중 하나에 들어간다. 우리가 형편없이 하는 일은 무능력의 영역에 속한다. 우리도 괜찮게 하는 일이지만, 다른 사람들은 훨씬 더 잘하는 일은 능숙함의 영역이다. 우수성의 영역은 가장 미묘한 범주다. 여기에 속하는 일은 우리가 아주 잘하고, 그 덕분에 보수도 잘 받지만 고갈되는 기분이 드는 일이다. 그 일을 완수해내지만, 그 일을 좋아하지는 않는다. 조금도 충만해지지 않는 것이다.

우리가 가고자 하는 곳은 천재성의 영역이며 우리의 목표는 진정한 성공을 만나는 것이다. 이 일은 무한히 매혹적으로 느껴진다. 이 일을 하다 보면 시간이 멈춰버린 것 같지만, 순식간에 지나가 버리기도 한다. 우리는 바로 이 일을 하기 위해 이 행성에 보내진 것이다. 당신의 천재성의 영역에는 어떤 것이 있는가? 직장에서 에너지를 증폭시키는 가장 효과적인 방법은 이 천재성의 영역에 가능한 한 많이 머무는 것이다. 당신은 생각해야만 한다.

항상 그곳에만 있을 수는 없지만, 시도하지 말아야 한다는 뜻은 아니다. 우리의 정신 건강을 위해서 시도해봐야 한다. 하루의 10%를 천재성의 영역에서 보내는 것으로 시작하고, 시간이 지남에 따라 그 비율을 늘려보자. 비율이 높아질수록 자신이 얼마나 행복해지고 효율적으로 변하는지 알게 될 것이다.

나의 요가 선생님은 수업에서 근육에 경련이 일도록 불편하고 어색한 자세를 하도록 만든 다음, 수강생들이 더는 버티지 못할 때 또 다른 지시를 덧붙였다. "이제 입꼬리를 살며시 올려주세요." 그는 이 자세를 '스마일-사나'라고 불렀다. "가장 힘든 순간에 웃을 수 없다면, 잘못하고 있는 겁니다." 그는 이렇게 덧붙였다.

나는 달리기에 관해서도 같은 조언을 들었고, 이는 우리의 직업과도 똑같이 관련이 있다. 당면한 일이 불편하거나, 좌절감을 불러오거나, 도전적일수록 즐거움을 느낄 방법을 발견해 균형을 맞추는 것이 더 필요하다. 내 앞에 12가지 슬픔이 있다면, 보완 작용을 해주는 12가지 기쁨도 함께 있어야만 살아남을 수 있다.

이제 진리를 말해주겠다. 30년 만에 깨달은 진리다. 당신은 행복해야 마땅하다. 기쁨과 즐거움은 태어날 때부터 타고난 권리이고, 이제는 즐거움을 더 많이 얻기 위해 할 수 있는 모든 것을 해도 된다. 나는 허가를 받았다. 누구도 아닌 나에게. 오직 나만이 나를 허락할 수 있다.

내가 이 사실을 깨달았을 때 모든 것이 바뀌었다. 거의 20년 전 세상을 떠난 할아버지가, 책을 쓰고 작가가 되어 보수를 받으면서 삶을 재미있게 살고 있는 나를 볼 수 있으리라고 믿는다. 내가 일과 맺는 관계를 바꾸면서 진정한 성공을 만난 덕분에, 지금 나는 할아버지가 품었던 문학적 꿈을 이루며 살게 되었고 이보다 더 달콤한 보상은 상상할 수 없다. 더 바랄 게 없이 완벽하게 충만하다.

.

에너지 연습 ③ : 증폭

1. 타이머를 2분으로 설정하고, 나에게 즐거움을 주는 모든 활동을 목록으로 작성해본다.
2. 크든 작든, 일과 관련이 있든 없든 모두 적는다. 어머니에게 문자를 보내거나 샌드위치를 만드는 것처럼 단순한 일부터 새로운 기술을 완성하는 것처럼 복잡한 일까지 모든 것을 포함할 수 있다.
3. 다음에는 이 에너지 촉진제들을 일과에 넣을 방법을 찾는다. 아침 일과일 수도 있고, 소소한 재미를 느끼는 휴식 시간일 수도 있고, 천재성의 영역을 위해 시간을 더 낼 수도 있다.
4. 마지막 단계로, 미소 짓는 것을 잊지 않는다.

카르마의
선물 ④

진정한 성공을
만날 준비를 마쳐라

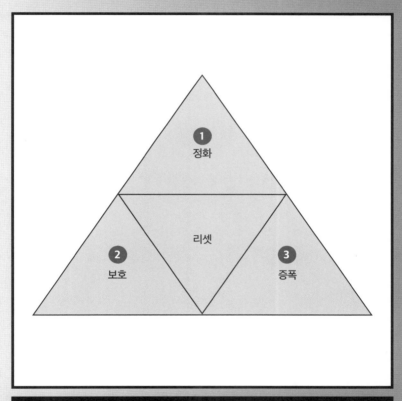

표22 에너지 회복력 강화를 위하여

나의 최적화된 모습을 드러내기 위해서는 에너지를 강화하는
3단계를 마치는 데 필요한 시간을 우선순위에 두어야 한다.

●　●　●

지금까지 에너지를 강화하는 3가지 단계인 정화와 보호와 증폭을 모두 살펴보았다. 몇 장에 걸쳐 이러한 단계들을 실행하는 여러 가지 방법을 배웠고, 이제는 모든 것을 결합해 나의 구체적인 삶을 위한 실행 방안을 만들어야 한다. 어떻게 해야 할까? 글쎄, 방법은 전적으로 자신에게 달려 있다. 여기서 우리의 작업은 항상 내면에 집중되어 있다는 것을 기억하자. 이번 기회에 자신의 선호와 열정 및 실천의 윤곽을 탐구해보자. 나는 단지 정보를 공유하고 질문을 제공하기 위해 여기에 있다. 답을 가진 쪽은 당신이다.

지금 자신에게 가장 좋은 것이 무엇인지 생각할 때, 내면의 천재성에 귀를 기울이고 다음과 같이 자문해본다.

1단계 정화: 나는 어떻게 나 자신을 더 잘 돌볼 수 있을까?
2단계 보호: 내 삶에는 어떤 경계가 필요한가?
3단계 증폭: 내 일상을 어떻게 즐거움으로 채울 수 있을까?

이제 당신은 선택해야 한다. 아마도 당신은 쉬운 일부터 시작하거나, 아니면 철저히 망가진 삶의 한 영역에서 시작할 것이다. 무엇이든 내면의 천재성이 직관하는 바로 그것이 당신에게 필요한 것이다. 내가 선택한 3가지는 다음과 같다. 첫 번째, 나는 평생 나의 아킬레스건이었던 수면의 질을 개선해 에너지를 정화한다. 두 번째, 친구들이 저녁 식사를 위해 막 만날 시간에 나는 멜라토닌을 복용하고, 전자기기들을 끄고 긴장을 푸는 과정을 시작한다.

에너지를 보호하기 위해 내가 세운 경계는 솔직하다. 나는 나를 고갈시키는 사람들과 교류하지 않는다. 잠재적인 고객이든, 오래된 친구든 상관없다. 나를 고갈시키는 사람은 누구라도 만나지 않는다. 오래 지속된 해로운 관계를 재검토하는 일은 종종 고통스럽지만, 나는 다른 사람들의 필요를 나보다 우선시하면 내가 쓰러진다는 것을 힘들게 배웠다. 마지막으로 세 번째, 나는 에너지를 증폭시키기 위해 아침 일과를 누구도 침범할 수 없는 신성한 것으로 만든다. 내게 즐거움을 주는 활동을 즐길 수 있도록 충분한 시간을 두고 회의 일정을 잡는다.

습관을 바꿀 시간이나 에너지가 없다고 생각한다면, 당신에게는 '48시간 에너지 리셋'이 딱 맞아 보인다. 아이러니하게도, 더 많은 에너지를 만들기 위해 습관을 바꾸려면 약간의 에너지가 필요하다. 따라서 한동안 슬럼프에 빠져 있었다면, 낮은 에너지가 반복되는 유형을 깨기 위해서 빠르고 강력한 무언가가 필요하다.

'48시간 에너지 리셋'은 평범한 일상에서 탈피해 자연·움직임·휴식이라는 3가지 주요한 에너지 정화제에 스스로 집중할 수 있도록 하는 것이다. 혼자 또는 안정감을 주는 누군가와 함께 대자연에 가까이 있으면 이상적이다. 하루에 1회, 걷기나 요가와 같은 신체 활동 중에서 가장 좋아하는 것을 한다. 원하는 만큼 충분히 밤잠과 낮잠을 자고, 휴식을 취할 수 있도록 회의나 업무 등은 피한다. 긴장을 풀어주는 마사지도 좋다. 비용이 전혀 들지 않는 활동을 통해서도 에너지에 양분을 공급하여 임무를 온전히 수행할 수 있다. 또한 나는 에너지를 전체적으로 높게 유지하기 위해 더는 카페인 음료를 마시지 않는다.

이미 알고 있는 활동을 계속하든, 에너지를 향상하는 새로운 방식을 탐구하고자 하든, 직관에 귀를 기울여 마음에 드는 일정을 선택하는 것이 가장 중요하다. 내 고객 중 1명은 화창한 주말에만 리셋을 하는데, 그에게는 태양이 원기 회복에 매우 효과적이기 때문이다. 또 다른 고객은 리셋 시작 후 20시간 동안은 소셜 미디어와 이메일을 사용하지 않고 오직 신체 활동에 집중한다. 리셋은 그 순간에 직관적으로 필요한 것이 무엇인지에 따라 매번 달라질 수 있다. 너무 많이 생각하지 말자. 단지 스스로를 행복하게 만드는 일을 하고, 정화·보호·증폭의 3가지 범주에 맞도록 유의하면 된다.

중요한 것은 리셋과 함께 규칙적인 흐름을 타는 것이다. 어떤 고객들은 8주에서 12주 사이의 간격으로 리셋 일정을 미리 정해두기도 한다. 나는 업무로 인해 오랫동안 뉴욕에 묶이게 되면, 업무가 끝나는 바로 다음 날로 리셋을 계획에 넣어둔다. 나는 특히 에너지 오염에 민감한데, 도시 생활은 에너지를 정화하고 보호하는 것을 어려운 과제로 만든다. 그렇기에 규칙은 중요하다.

내가 강조하고 싶은 중요한 점은 여기에는 정답도, 압박도, 맞춰야 할 기준도 없다는 것이다. 리셋에는 왕도가 없고, 에너지를 강화하는 묘책 같은 습관도 없다. 자신에게 효과가 있는 것은 자신에게 통하는 방법이다. 당신의 유일한 임무는 시행착오를 거치며 기분 좋은 삶을 준비하는 방법을 찾는 동안 재미있게 지내는 것이다. 에너지가 샘솟게 하는 데 필요한 것은 오직 그것뿐이다.

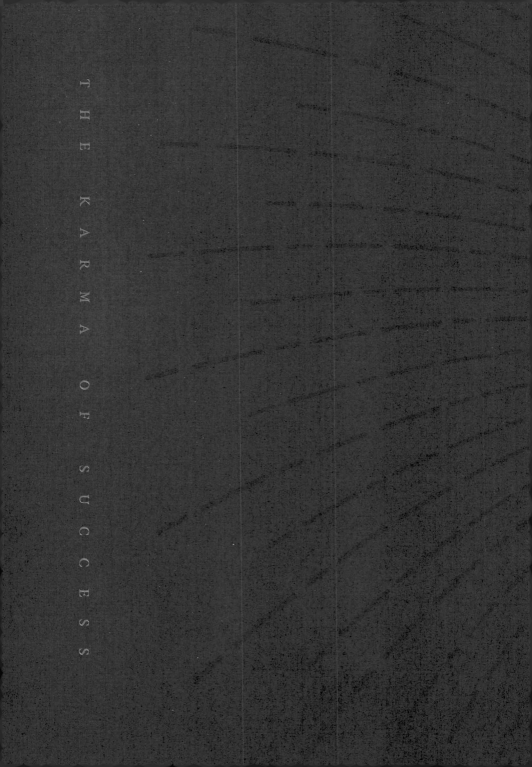

THE KARMA OF SUCCESS

성공 전략 4단계

불확실성에
몸을 기대기

17장 | 결점으로 성장하라

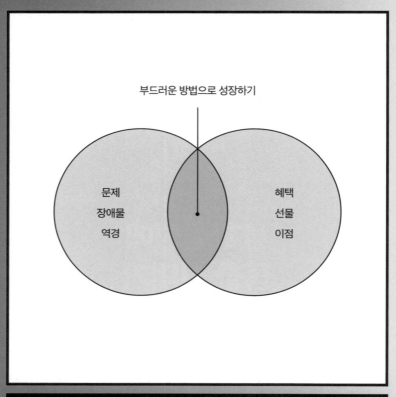

부드러운 방법으로 성장하기

문제	혜택
장애물	선물
역경	이점

표23 부드러운 방법

삶의 역경을 선물로 바꾸는 방법을 배울 수 있다.

천재의 진짜 의미

무예를 배우는 학생이 스승에게 다가가더니 이렇게 물었다.

"저는 전력을 다해 배우고 있습니다. 제가 고수가 되려면 얼마나 걸릴까요?"

선생님은 "10년."이라고 답했다.

"제가 다른 학생들보다 부지런하고, 열심히 노력하고 연습을 더 많이 한다면 어떨까요?"

열성적인 젊은 학생이 다시 물었다. 스승은 학생이 한 말을 생각하며 그를 다시 살펴보더니 대답했다. "20년."

학생은 성공에 대해 3가지 잘못된 가정을 했고, 스승은 그것이 무예를 익히는 데 방해가 될 것을 알았다. 우리 중에서도 이처럼 잘못된 가정을 하는 경우가 많다. 마찬가지로 그로 인해 우리의 잠재력을 완전히 실현하지 못한다. 다음 장을 시작으로, 우리는 이러한 잘못된 가정에 더 깊이 들어가면서 4단계이자 마지막 성공 전략인 '불확실성에 몸을 기대기'에 대해 알아볼 것이다.

우리는 앞서 성공 전략 3단계를 거쳤다. '내면세계를 탐구하기'에서 내면의 천재성이 내는 소리를 듣기 위해 자신의 내면세계에서 시간을 보냈다. '진정한 성공을 만날 준비하기'에서 일기 쓰기를 통해 꿈을 꾸고, 감사하며 자신감 있는 사람이 되는 방법을 배웠다. '스스로를 경호하기'에서 어려운 상황일수록 영혼을 밝히는 습관을 선택해야 함을 배웠다.

3가지 전략은 이 순간을 위한 준비 과정이었다. 우리는 직관과 비전과 생활 방식을 연마해왔고, 어떤 시도 앞에서도 탁월해지고, 성공할 준비가 되어 있다. '탁월해지기'에 대해 이렇게 설명하는 것은 완전히 정확하지는 않다. 우리는 이미 탁월하기 때문이다. 여기서 할 일은 내가 어떤 사람인지를 바꾸는 것이 아니라 내 안에 있는 천재성을 깨닫는 것이다.

오늘날 천재genius란 말은 허세나 허풍을 함축하는 의미로 드물게 사용되지만, 원래는 그런 뜻이 전혀 아니었다. 이 단어는 고대 로마에서 유래했다. 로마인들은 누구에게나 평생 자신을 돌보며 인도해주는 정령이 있다고 믿었는데, 이 정령은 영감과 아이디어, 돌파구를 만들어 내는 원천이었다. 그들은 여기에 천재라는 이름을 붙였고, 모든 사람이 말 그대로 그것을 가지고 태어난다고 믿었다. 천재의 개념은 타고난 권리이고, 선천적인 요소였다. 당신에게도 있고, 나에게도 있는 모든 사람이 가진 것이다.

탁월해지기의 첫 단계는 이 점을 인정하는 것이다. 내 안에 천재성이 있다는 것을 인정할 수 있는가? 혹은 인정하기 어려운가? 거만하게 자랑하는 것 같거나, 현실과 동떨어진 것 같아 걱정스러운가? 반드시 기억해야 할 것은 자신의 천재성을 인정한다고 해서 자신을 다른 누구보다 우월한 위치에 올려놓는 것이 아니라는 점이다. 우리는 그저 자신에게 진실한 것의 존재를 인정하는 것뿐이다. 세상의 모든 사람은 천재성의 씨앗을 가지고 있다. 그것을 표현하는 사람과 그렇지 않은 사람 사이의 유일한 차이점은 재능의 유무가 아니라 마음의 상태이다.

내 안의 천재성을 자유롭게 하고 진정한 성공을 경험하기 위해서는 한계를 정하는 믿음을 버려야 한다. 앞의 이야기에 등장하는 학생과 똑같이 우리는 일과 성공에 대한 3가지 잘못된 가정을 주입받았다. 이제 우리가 할 일은 그 가정들을 해체하고, 천재성의 진리로 대체하는 것이다. 즉, 자신의 탁월함을 활용할 수 있는 새로운 방식으로 내가 하는 일을 보는 것이다. 다음은 열정적인 무예 수련생과 우리가 잘못 믿고 있는 잘못된 가정들이다. 이러한 가정은 매우 흔하다. 내면의 천재성에 닿으려면 이제 생각을 다르게 해야 한다.

잘못된 가정 ① 자신을 더 강하게 밀어붙일수록 더 성공할 수 있다.
잘못된 가정 ② 성공은 정해진 과정과 일정을 따라야 한다.
잘못된 가정 ③ 성공은 기술의 숙달에서 시작한다.

아주 쉽게 이기는 법

나에게는 열여덟 살에 만난 소중한 친구가 있다. 지금까지 우리는 인생의 절반을 친구로 지내면서 서로의 우여곡절을 목격했다. 그녀는 언제나 나보다 공부도 잘했고, 대학을 졸업한 후에도 최고의 대학원에 진학했으며 누구나 부러워할 법한 훌륭한 직장에 들어갔다. 오랜 시간 동안 꾸준히 완벽한 이상을 위해 노력했다. 반면에 나는 그렇지 못했다.

하루는 친구가 내 회사와 팟캐스트는 성공적이고, 나는 일을 즐기는 데 반해 자신은 몇 년째 성취감을 느끼지 못했다고 말했다. "너는 뭐든 쉽게 이루잖아." 친구는 이렇게 말했다. 나는 대답이 바로 나오지 않았다. 그녀의 말은 사실인 동시에 사실이 아닌 것 같기도 했기 때문이다.

1880년대 일본에서 가노 지고로嘉納治五郎는 유도를 창시했다. 유도라는 무술은 단순한 스포츠가 아니라 삶의 방식이기도 하다. 유도柔道는 '부드러운 길'이라는 뜻으로 상대의 힘을 나에게 유리하게 이용한다는 것을 기본적으로 전제한다. 상대보다 더 큰 힘으로 맞서며 공격을 가하는 대신, 상대의 힘을 활용하면서 교묘하게 내가 원하는 방향으로 이끈다. 상대가 당기면 나도 같은 방향으로 민다. 상대가 밀면 나는 당긴다. 가노는 이것을 정력선용精力善用, 즉 "최대의 효율, 최소의 노력"으로 설명했다. 일어나고 있는 일의 흐름을 따라가는 것이다.

유도 경기를 본 적이 있다면, 처음에는 유도가 이름처럼 부드러운 것과는 거리가 멀다고 생각할지도 모른다. 유도 선수들은 위로 들리고, 내동댕이쳐지고, 움직이지 못하게 바닥에 꽉 눌린다. 유도에는 격렬한 활동과 노력과 힘이 존재한다. 하지만 자세히 보면 그 아래에는 부드러운 길이 있다. 잘 살펴보면 한 선수의 공격이 상대 선수의 전술로 변형되는 것을 알 수 있다. 그것이 최대의 효율과 최소의 노력이며 유도다.

이러한 철학을 처음 알게 되었을 때, 나는 내 경력이 우연히, 운 좋게 이어지는 현상을 이해하는 데 도움을 받았다. 친구의 말처럼 뭐든 쉽게 이루어지는 것은 아니었다. 세상의 모든 사람이 그렇듯이 나에게도 내 몫의 장애물과 좌절과 실패가 있었다. 다만 다른 점은 바로 '부드러움'에 있었다. 나는 공격으로부터 나를 보호하는 대신, 상대와 같은 방향으로 움직인다. 상대가 밀어붙이면 나는 끌어당겨 상대의 공격을 나의 전술로 바꾸려고 했다.

이것이 바로 '탁월해지기'의 방식이다. 자신의 결점 때문에 당황하는 것이 아니라 결점 덕분에 배운 것을 받아들인다. 쓰라린 실패를 겪을 때 우리는 같은 방향으로 나아갈 길을 찾는다. 역경이 끝없이 계속된다고 느낄 때는 그것이 선물이 될 때까지 거듭해 파고든다. '부드러움'이란 통제와 완벽주의에서 벗어나는 것을 의미한다. 실망과 실수와 어려움을 피하기만 바라는 것은 어리석은 소망임을 이해하고, 유도의 고수처럼 그것들을 받아들이는 것이다. 앞으로 몇 장에 걸쳐 우리는 수월하게 실패하고 싸우는 방법을 배울 것이다. 그리고 그 과정에서 성공의 카르마를 또 다시 경험할 것이다. 이것이 바로 부드러움이고, 우리는 자신을 부드럽게 대하며 이 길을 시작한다.

18장

리버스 골든 룰: 천재성의 진리

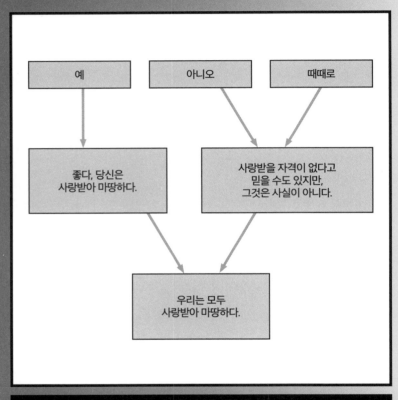

| 예 | 아니오 | 때때로 |

좋다, 당신은 사랑받아 마땅하다.

사랑받을 자격이 없다고 믿을 수도 있지만, 그것은 사실이 아니다.

우리는 모두 사랑받아 마땅하다.

표24 당신은 자신을 사랑하는가?

'나'를 가장 심하게 비판하는 사람은 바로 자기 자신이다.
다른 사람에게는 그렇게 하지 못할 것이다. 이러한 태도를 버려라.
내면의 천재성과 더욱 깊은 관계를 맺을 수 있다.

●　●　●

불확실성에 몸을 기댄다는 건

피에라 젤라디 Piera Gelardi는 스물네 살에 '리파이너리29'라는 회사를 설립했다. 당시에는 이 선택이 자신을 어디로 이끌지 확신할 수 없었지만, 그녀는 여성들을 주제로 한층 복잡한 이야기와 묘사를 담은 플랫폼을 만든다는 생각에 흥분했다. 10년 후, 그녀의 회사는 수백 명의 직원과 수백만 명의 시청자를 얻게 되었다. 회사의 열정적인 커뮤니케이션 팀은 피에라가 바깥세상으로 나가 대중 강연으로 회사의 소명을 더 널리 알리기를 원했다.

팀은 신중하고 부지런히 피에라가 발표해주기를 원하는 주제를 개괄하고, 그녀를 지도할 미디어 전문 트레이너를 고용했다. 피에라와 트레이너는 오랜 시간을 함께 보냈다. 피에라가 강연을 연습하면 그는 자세와 동작, 말투 등을 교정해주었다. 그는 피에라의 강연을 녹화하고 영상을 다시 보면서 그녀가 '음'이나 '그러니까'를 할 때마다 빠짐없이 기록했고, 제대로 전달하지 못한 모든 대사를 찾아냈다. 당황스럽고 의기소침해지는 작업이었지만, 피에라는 팀에게 실망을 주지 않겠다는 각오로 근무 시간을 넘겨 가며 노력했다.

발표할 순간이 다가오면 피에라의 머릿속에는 어떻게 서고, 어떤 말을 하고, 어떤 모습을 보여야 하는지에 대한 트레이너의 주의사항들이 넘쳐났다. 하지만 그렇게 연습을 했어도 강연이 시작될 때면 피에라의 눈앞은 깜깜해지기 일쑤였다. 그녀는 자신이 무엇을 하고 있는지, 청중의 반응은 어떤지 전혀 의식하지 못한 채 암기된 단어들을 더듬어가며 강연을 마쳤다. 무대에서 내려오는 순간 그 강연의 모든 실수가 굵은 글씨로 강조되어 그녀의 머릿속을 다시 덮치곤 했다. 피에라는 오랜 시간 동안 연습했음에도 불구하고 잘 해내지 못한 자신을 책망했다.

사기가 꺾이는 강연을 몇 차례 이어간 뒤에 피에라의 비서는 인기가 높은 사우스 바이 사우스웨스트 콘퍼런스·페스티벌에 참가해보자고 제안했다. 하지만 참가가 바로 확정되는 것은 아니었다. 주제를 먼저 제안하면 참석자들의 투표를 거쳐, 많은 표를 얻은 강연자들만 강연 순서를 확보할 수 있었다. 이번에는 피에라가 타고난 열정을 가지고 있던 '대담한 창의성'을 직접 주제로 정했고, 투표도 통과했다. 그녀는 대표 강연자로 나서게 되었다.

피에라의 내면의 천재성은 이번이 좋은 기회일 뿐만 아니라, 변화할 순간이라는 것을 알고 있었다. 그녀는 논점을 중심으로 강연을 구성하는 대신 새로운 접근 방식으로 자신이 하고 싶은 이야기에 집중했다. 엄격한 미디어 전문 트레이너 대신 연극 경력이 있는 2명의 스피치 코치를 고용했다. 새로운 코치들과 함께 피에라는 편안함을 느끼는 데 집중했다. 그녀는 〈인어공주〉의 노래들을 불렀고, 자신감 있게 서는 법을 배웠으며 시각화를 연습했다.

피에라는 부드러운 길을 선택했다. 가혹한 비판으로 자신의 불완전함을 공격하는 대신 즐거움이 있는 곳에서 창작에 집중했다. 그녀는 다른 강연을 준비할 때와 마찬가지로 이 강연을 위해서도 부지런히 노력했지만, 이번에는 활기가 넘쳤다. 그저 불확실함에 몸을 기대었다.

연설하는 날 아침, 그녀는 맛있는 아침 식사를 하고 춤추고 웃으며 시각화 연습을 했다. 자신을 응원하는 사랑의 메모까지 써서 연설에 대한 간단한 목표를 세웠다. 마음을 넓게 가지고, 현재에 충실하여 즐길 수 있다면 완벽한 성공으로 여기겠다는 것이었다. 그녀는 실수를 피하거나 정곡을 찌르는 데에 집착하지 않았다. 대신 그냥 피에라 자신이 되는 것으로 충분했다. 이후, 피에라는 스스로 즐겼을 뿐만 아니라 관객이 기립박수를 보낼 정도로 열광적인 강연을 펼쳤다. 불과 몇 시간 후, 주최 측에서 전화를 걸어 앙코르를 요청했다. 그녀의 강연은 그 정도로 호응이 있었다.

그날 청중으로 참석했던 콘퍼런스 주최자 인바운드는 피에라의 연설이 마음에 쏙 들어 그녀를 미셸 오바마와 브레네 브라운과 같은 다른 대표 강연자들과 함께 본무대에 세우고 싶어 했다. 피에라는 자신의 메시지로 많은 사람에게 응원을 보내고 영감을 줄 수 있다는 생각에 감격했다. 그녀는 최고의 기량을 발휘하고 성장하기 위해 자신을 밀어붙였지만, 그녀가 성공할 수 있었던 주된 이유는 고된 노력이 아니었다. 중요한 것은 자기애였다. 그렇게 피에라는 성공을 만났다.

안타깝게도 우리 대부분은 전략을 수정하는 법을 배우지 못한 채 처음, 피에라가 했던 것처럼 행동한다. 우리는 이야기에 나오는 학생과 같다. 우리는 "제가 다른 학생들보다 부지런하고, 열심히 노력하고, 연습을 더 많이 한다면 어떨까요?"라고 묻는다. 오랜 시간을 투자하고, 보이지 않는 일을 하고, 몸이 부서질 정도로 자신을 밀어붙이면 목표에 더 빨리 도달하리라고 생각한다. 우리는 자신을 더 몰아붙일수록 더 성공하리라 믿으며 잘못된 가정 1번을 내면화한다.

이야기 속 스승이 근면함과 각고의 노력, 끝없는 연습이 곧 성공으로 바뀌지는 않는다는 것을 이해하고 있듯이 피에라는 이 교훈을 스스로 깨달았다. 트레이너와 끊임없이 연습했지만 좋은 강연자가 되기는커녕 오히려 실력이 더 나빠졌다. 그녀는 자기 비판적인 목소리를 자기애의 목소리로 바꾼 후에 비로소 성공할 수 있었다. 이렇게 하여 우리는 이 잘못된 가정에 대한 반박인 첫 번째 천재성의 진리에 이르게 된다.

천재성의 진리 ① 자신을 더 사랑할수록 더 진정한 성공을 만날 수 있다.

사랑은 강력한 동기가 된다

삶에 묻어 있는 천재성의 진리의 증거를 찾아보자. 아주 오래전 일이라도 상관없다. 자신에게 도움을 준 선생님, 코치, 또는 롤모델을 떠올려본다. 친척이나 전문 코치일 수도 있고 교육자일 수도 있다. 어떤 방식으로든 의미 있는 도움을 주었다면 누구든 상관없다. 이제 그 사람과의 관계를 돌이켜 생각해보자. 그들은 나에게서 어떤 점을 보았는가? 그들이 나를 어떻게 대했는가? 나의 학습과 성장을 지원하기 위해 그들은 어떤 일을 했는가?

내 경우에는 올브라이트 선생님을 꼽을 수 있다. 그녀는 내가 이사한 후에 사촌들과 함께 다녔던 고등학교의 국제 바칼로레아 프로그램 책임자였고, 나를 비롯해 프로그램에 참여한 다른 학생들에게 진로 지도 교사 역할을 했다. 선생님은 내가 어느 대학이든 갈 수 있을 만큼 똑똑하다고 처음으로 말해주었고, 끝까지 해낼 수 있도록 도와주었다. 지원서에 관해 이야기해주고, 저소득층 학비 면제 신청 방법도 알려주었다. 학교 밖에서는 내가 돈이 필요한 것을 알고, 선생님의 아이들을 돌보는 일을 맡겨 시세보다 더 많은 돈을 주었다. 올브라이트 선생님은 내가 자신을 어떻게 믿어야 할지 깨닫기도 전부터 나를 믿어주었다. 꼭 그렇게 해야 하는 것도 아닌데 나를 사랑으로 대해주었다. 나는 매년 그 프로그램을 거쳐 가는 수십 명의 학생 중 1명에 불과했지만, 내게는 선생님이 전부였다. 지금 내가 인생에서 누리는 좋은 것은 모두 고등학교 2학년 때 올브라이트 선생님과 함께 시작되었다고 믿어 의심치 않는다.

지금 당신이 떠올리는 사람도 올브라이트 선생님과 닮은 점이 있을 것이다. 그 사람이 당신을 믿고 존중해주었는가? 자신이 알지 못한 재능과 소질을 알아봐 주었는가? 당신을 좋아하고, 친절하게 대해주며 응원해주었는가? 올브라이트 선생님이 엄격하게 대하거나, 끝없는 비판으로 몰아붙였다면 내게는 효과가 없었을 것이다. 물론 성적을 열심히 관리하고 대학 원서 작성에 시간을 들이라고 채근하기도 했지만, 결국 그 모든 차이를 만든 것은 선생님이 내게 보여준 사랑의 토대였다. 나는 확신할 수 있다. 사랑이 비판보다 훨씬 더 강력한 동기 부여가 된다는 것을. 당신도 알아야 한다.

우리 내면의 목소리도 마찬가지다. 우리는 한껏 자신을 밀어붙일 수는 있지만, 자신에 대한 사랑과 지지를 보여줄 때까지 성공은 따라오지 않을 것이다. 1960년대에 하버드 대학 심리학 교수 로버트 로젠탈과 캘리포니아의 한 초등학교 교장이었던 레노어 제이콥슨은 캘리포니아의 한 초등학교 학생들을 대상으로 흥미로운 연구를 진행했다. 학기 초 아이들에게 지능검사를 한 후, 교사들에게 일부 학생들이 지능 면에서 영재로 생각될 만큼 높은 점수를 받았다고 말했다. 사실 이 아이들은 검사 결과와 상관없이 무작위로 선발되었다. 그런데 학년 말에 실시한 똑같은 지능검사에서 놀랍게도 무작위로 선발된 아이들은 다른 학생들보다 훨씬 높은 점수를 받았다.

이 연구는 높은 기대치가 높은 성과로 이어지는 피그말리온 효과가 실제로 작용하는 것을 보여준다. 연구에서 교사들이 더 똑똑할 것이라고 믿었던 학생들은 실제로 더 똑똑해졌다. 그들이 똑똑하리라는 믿음이 결국 그 믿음을 스스로 실현한 자기충족적 예언이 되었다. 이는 우리 모두에게 중요하다. 탁월한 능력을 기대받으면 그 기대에 부응하게 된다. 하지만 실패할 것이라는 말을 들으면 그렇게 된다. 연구 대상이었던 아이들, 피에라 젤라디, 올브라이트 선생님과 나의 경우처럼 자신에게 최고의 모습을 기대하는 단순한 행동이 모든 것을 가능하게 한다.

리버스 골든 룰

내가 대접받고 싶은 대로 상대를 대접해야 한다는 '황금률'을 들어본 적이 있을 것이다. 다른 사람에 대한 공감과 연민과 친절을 실천할 것을 일깨워주는 유용한 말이다. 하지만 그에 못지않게 중요한데도 한 번도 언급된 적이 없는 것이 바로 '리버스 골든 룰Reverse Golden Rule'이다. 즉, 황금률의 역으로 사랑하는 사람을 대하듯이 자신을 대하는 것이다.

가장 친한 친구가 오랜 시간을 들여 준비한 강연을 막 마쳤다고 상상해보자. 친구가 무대에서 내려오자마자 비판하며 꾸짖겠는가? 친구가 잘못한 것을 미주알고주알 따지며 되짚어 보겠는가? 절대로 그렇게 하지 않을 것이다. 우리는 절친한 친구에게, 피에라가 처음에 그녀 자신에게 했듯이 대하지는 않을 것이다. 그런 방식은 애정이 없을 뿐 아니라 피그말리온 효과에 따르면 효과적이지도 않다.

우리는 리버스 골든 룰을 얼마나 자주 실천하고 있는가? 사랑하는 사람을 대할 때와 같은 방식으로 자신을 대하는가? 나의 내면의 목소리는 비판적인가, 아니면 상냥한가? 자기비하적인 부분이 전체 생각의 몇 퍼센트를 차지하는가? 나는 이런 질문들을 내 고객에게 한 적이 있다. 그 고객은 아이비리그 출신으로 연이은 성공을 거둔 존경받는 CEO다. 그는 한 치의 망설임도 없이 95%라고 대답했다. 즉, 자신에 관한 생각을 20번 하면 19번은 자신이 잘못한 일과 관련된 생각이라는 뜻이다. 언제부터인가 그는 아는 것과는 반대로, 사랑하는 사람에게 하듯이 자신을 대하는 방법을 잊어버린 것이다.

달라이 라마는 "사랑하는 사람에게 날개를 달아주라."라고 말했다. 나 자신도 내가 사랑하는 사람이라는 사실을 잊지 말자. 우리 인생은 짧고 덧없다. 스스로가 자신의 가장 강력한 지지자가 되어주면 어떨까? 다른 사람이 나를 믿어주기 전에, 내가 먼저 자신을 믿어주지 않는다면 달리 어떤 일을 할 수 있겠는가? 우리에게는 선택권이 있다. 자기 자신이 올브라이트 선생님이 될 수 있는데, 왜 피에라의 트레이너가 되려 하겠는가?

이제 우리는 '마지막 성공 전략'의 첫 번째 관문 앞에 있다. 천재성의 진리 1번인 자신을 더 사랑할수록 더 크게 성공할 수 있다는 것이다. 내가 이 단계에서 가장 마음에 드는 부분이, 여기서 우리가 어마어마한 자유를 얻는다는 점이다. 지금 이 순간부터 시작할 수 있다. 더는 다른 사람의 승인과 지원을 기다리지 않아도 된다. 바로 여기, 바로 지금. 그토록 갈망하던 그 모든 사랑을 우리가 직접 자신에게 줄 수 있다. 오늘부터 사랑하는 사람에게 하듯이 자신을 대하면서 그에 맞추어 자신의 성과가 향상되는 것을 지켜보자. 이것은 다른 누구도 아닌 바로 자신을 위한 것이다. 자, 들어라. 진정한 성공의 신호탄이 울리고 있다. 당신은 당신을 사랑할 수 있다. 당신은 준비되었다.

천재성 연습 ①

1. 내가 사랑하는 나 자신의 크고 작은 모든 점을 담은 사랑의 노트를 써서 리버스 골든 룰을 실천하자.
2. 내가 다른 사람에게서 듣고 싶었던 말을 모두 적는다.
3. 그런 다음, 자신을 응원하여 날아오를 수 있는 날개를 달아주는 행동을 1가지 골라 이번 주에 실천한다.

19장

불안이 당신을 나아가게 한다

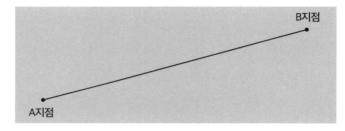

우리가 원하는 성공의 작동 방식

B지점

A지점

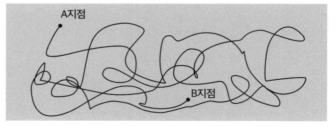

실제 성공의 작동 방식

A지점

B지점

성공의 뚜렷한 시작점과 종료점은 없다. 성공이 시작되고 끝나는 시점은 분명하지 않다. 하지만 성공은 선형적인 시공간을 초월하고 삶 자체의 경험을 포괄하므로 어느 정도 주기적이면서도 예측 불가능한 여정이다.

표25 성공의 작동 방식

우리는 로봇이 아니다. 삶은 직선이 아니다.
우리는 미래를 결정할 수 있다고 생각하고 싶어 하지만, 그럴 수 없다.
이 사실을 받아들이고, 그것이 즐거움이 되게 하자.

● ● ○

흘러가는 삶에 몸을 맡겨라

불교도가 된다는 것은 어떤 의미일까? 그것은 하나의 정체성인가? 혹은 어떤 마음의 상태인가? 불교에 입문한다는 것은 어떤 삶을 산다는 의미일까?

이는 내가 불교에 대해 점점 더 깊이 알아가면서 던진 질문들이었다. 당시 나는 명상 수련의 규칙을 잘 이해하고 있었다. 외부와 내면에서 고요함을 찾는 수행인 고귀한 침묵은 물론이고, 지켜야 하는 5가지 계율인 5계도 잘 알았다.

1. **불살생**不殺生 살아 있는 중생을 해치지 않는다.
2. **불투도**不偸盜 주어지지 않은 것을 훔치거나 탐내지 않는다.
3. **불사음**不邪淫 성적 에너지를 오용하지 않는다.

4. 불망어不邪淫 거짓말과 험담, 해로운 말을 하지 않는다.

5. 불음주不飮酒 술과 약물 등 취하는 물질을 가까이 하지 않는다.

이 5가지 계율은 수련하는 동안에는 지키기 쉽다. 수련할 때는 1, 3, 4, 5번은 거의 불가능에 가까운 여건이 조성되어 있고, 수련에 참여하는 사람이 가져갈 수 있는 물건은 모두 똑같이 제한되어 있어서 2번 역시 유혹을 별로 느끼지 못한다. 나는 수련 기간에 강하고 도덕적이며 맑은 사람이 된 기분이었다. 하지만 일상은 달랐다. 일상에서 승려들처럼 매일매일 이 계율을 따르는 일이 훨씬 더 힘들다는 것을 알게 되었다.

이혼하고 새 삶을 시작할 무렵에는 계율을 지키기 위해 최선을 다했지만, 나는 불건강하게 대응한 적도 많이 있었다. 나는 매일 명상과 요가 수련에 전념했지만, 모임과 파티에도 관심이 많았다. 전자는 내가 상황을 이해하고 집중하는 데 도움이 되었지만, 후자는 도피하기 위한 것이었다. 마음이 아팠던 그 시기의 나는 현재에 온전히 존재하는 것과, 주의를 다른 곳으로 돌리는 것 모두 필요했다. 하지만 내 선택은 나를 무겁게 짓눌렀다. 번번이 5계를 어기는 것에 죄책감을 느꼈고, 가능하면 빨리 최고의 불자가 되고 싶었다.

그 해 여름, 나는 통찰명상협회에서 매년 여는 수련회에 참석했다. 그 경험은 모든 면에서 도움이 되었지만, 여전히 내 진전이 걱정스러웠다. 수련회 중반에 우리는 소그룹으로 나뉘어 선생님들에게 질문을 했다. 나는 통찰명상협회의 공동 창립자이자, 나의 위대한 영웅 중 1명인 섀런 샐즈버그Sharon Salzberg와 한 조에 배정되었다. 그녀 역시 불우한 어린 시절을 보냈고 자기애를 개발하는 데 수년간 어려움을 겪었다. 그녀가 쓴 책을 모조리 읽은 나로서는 그녀에게 직접 인도를 받는다는 사실이 꿈만 같았다. 우리는 각자 1가지씩 질문할 수 있었고, 며칠을 고심한 끝에 나는 이렇게 질문했다.

"저는 불교 수행과 명상을 좋아하지만, 여전히 술도 마시고 사람들과 어울려 즐기고 고약한 말과 생각도 자주 합니다. 이제 그런 것을 모두 그만두고 최고의 불자가 되고 싶습니다. 저에게 권해주실 방법이 있나요?"

나는 내 영웅에게 이런 질문을 하며 나의 부족함을 인정하는 것이 부끄러웠다. 그러나 엄격한 사랑과 지도를 받고 싶었다. 내가 해야 할 일의 정확한 단계를 그녀가 알려주길 바랐다. 대신 나는 이런 답을 받았다.

"너무 걱정하지 마세요. 그저 명상을 계속하다 보면 어느 순간 술과 유흥은 자연스럽게 삶에서 떨어져 나가고 결국에는 사라질 거예요."

그게 전부였다. 그녀의 조언은 기본적으로 느긋하게 인생의 순리에 맡기라는 것이었다. 나는 고개를 끄덕이며 그녀에게 감사를 표시했지만, 마음에 썩 와닿지는 않았다. 나는 생각한 목표가 있었다. 최고의 불자가 되고 싶었는데, 느긋하게 있는 것이 어떻게 그 목표에 도움이 되는지 알수 없었다.

당시 나는 성공을 이루기 위해 따라가야 할 정확한 계획을 알고 싶어 하는 이야기 속의 무예 수련생과 같았다. 그 수련생과 나는 둘 다 열정이 넘치고 집중력이 뛰어난 학생으로, 목표에 집착하느라 스스로의 발목을 잡는 큰 오해에 사로잡혀 있었다. 우리 둘 다 성공은 특정한 절차와 일정을 따라야 한다는 잘못된 가정 2번을 믿고 있었다. 나는 이런 생각에 그치지 않고, 남은 내 인생이 어떻게 펼쳐질지에 대한 청사진도 원했다. 그때 알았더라면 좋았을 것이 바로 천재성의 진리 2번, 일정표는 환상이며, 우리의 여정은 고유하다는 사실이다.

천재성의 진리 ② 일정표는 환상이며, 우리의 여정은 고유하다.

스물여섯 살에 약혼했을 때 나는 또래보다 앞서 나간다는 사실에 신이 났다. 다른 사람들이 아직 이리저리 연애만 하고 있을 때 나는 인생의 동반자를 찾았고, 친구들의 집에 비해 그럴듯한 가구와 예술품으로 어른스럽게 꾸민 우리의 아파트를 보며 우쭐해 있었다. 남편과 나는 파티를 계획하고, 집을 꾸미고, 가족을 위해 추수감사절 만찬을 열며 소꿉놀이를 했다. 젊은 나이에, 더구나 뉴욕에서 어른이 해야 할 일 목록의 많은 항목을 이미 달성한 것 같아 만족스러웠다.

물론 나는 내 배우자를 사랑했지만, 당시 나는 성취라는 결승선을 향해 서둘러 달려가고 있었고, 그것이 우리의 결혼을 밀어붙인 가장 주된 이유였다. 안타깝게도 역효과가 났고, 5년 후 나는 무리에서 선두에 서기는커녕 같은 경주에서 달리지도 못할 정도로 뒤처졌다. 서른이 되었을 때 친구들은 모두 안정된 관계 속에서 각자 결혼했지만, 나는 값싼 전셋집에서 혼자 지내고 있었다. 내가 원했던 결과에서 스물다섯 살 때보다도 멀어져 있었다. 이혼한 해에 나는 7번의 결혼식에 모두 혼자 참석했는데, 천재성의 진리 2번의 지혜를 깨닫고 내 일정표를 창밖으로 던져버리는 대신, 그들을 따라잡겠다고 각오하는 치명적인 실수를 저질렀다.

그때 나는 재혼에 대한 엄격한 일정표를 짰다. '앞으로 12개월 안에만 누군가를 만나면 2년 안에 결혼할 수 있고, 서른다섯 살이 될 때까지는 아이 둘을 낳을 수 있다.'라고 생각했다. 이 일정표를 염두에 두고 나는 미친 듯이 흥분했고, 혼란스러웠다. 치유해야 할 시기에 데이트를 너무 많이 했다. 상대에 대해 충분히 알아보지도 않은 채 너무 빨리 약속을 밀어붙였다. 당연히 이 모든 것이 제대로 되지 않았고, 스스로 정한 마감 시한을 계속 놓쳤다. 하지만 따라잡아야 한다는 압박감을 내려놓는 대신, 머릿속으로 일정을 다시 계산하고 비현실적인 목표를 새롭게 세웠다.

그러던 어느 날, 나는 마침내 자신을 압박하는 것에 지쳤다. 3년이 지났고 수많은 첫 데이트와 극적인 이별, 중매를 거친 후에도 나는 여전히 혼자였다. 나는 단지 주변 사람들과 가는 길이 다르다는 이유만으로 자책하는 데 한계에 다다랐다. 이 무렵 섀런 셀즈버그의 예견이 실제로 이루어졌다. 미친듯이 사랑을 추구하는 한편, 나는 불교 수행으로 긴장을 풀면서 나의 현존 외에는 자신에게 아무것도 기대하지 않았는데, 통찰명상협회의 수련회를 마치고 얼마 지나지 않아 자연스럽게 술과 파티를 쉬고 싶다는 생각이 들었고, 그 후로는 다시 예전 생활로 돌아가지 않았다. 밤새 술을 마시는 대신 집에서 조용히 고요·고정·고독을 즐기는 법을 배웠고, 그런 시간을 보내던 중 어느 순간 스스로 정한 사랑의 일정표에서 자유롭게 벗어나기로 선택했다.

40대가 되든 50대가 되든 나에게 맞는 짝을 기꺼이 기다리겠다고 결심했다. 나는 늘 아이를 갖고 싶어 했지만, 아이들은 입양할 수도 있다고 생각했다. 이 결정으로 나는 나를 압박하던 무게에서 벗어날 수 있었다. 일정표를 쓰레기통에 버리면서 나는 무계획과 화해했다. 아이러니하게도 바로 다음 달, 나는 구애를 위한 시도를 멈췄음에도 2년 후 결혼하게 될 데브와 첫 데이트를 했다. 결혼하고 가정을 꾸리는 과정 중 어느 하나도 서른 살의 나를 위해 세운 일정표와 가까운 것이 없었지만, 내게는 적절했다. 바로 이것이 새런 샐즈버그의 지혜와 천재성의 진리 2번이다. 일정표는 환상이며, 우리의 여정은 고유하다.

단지 내가 사랑에 빠졌을 때만 그런 게 아니었다. 나는 언제나 '정상'이라고 여겨지는 길에서 벗어나 있었다. 나는 인생의 대부분을 대기하면서 살았다. 고등학생 때의 나는 아이들과 친구는 할 수 있어도 연애는 할 수 없었다. 성인이 되어 치아 교정기를 2번이나 했고, 서른넷이 되어서야 진정한 직업을 선택했다. 하지만 다른 여러 면에서 인생의 중요한 이정표는, 내적으로나 외적으로 모두 상상했던 것보다 더 빨리 찾아왔다. 내 삶을 되돌아보면 예측이 적중했던 적이 한 번도 없었고, 아무리 간절히 원했더라도 나를 끼워 넣은 일정표대로 이루어진 적은 단 한 번도 없었다는 것을 알 수 있다. 우리 모두 그럴 것이다.

마야 안젤루는 첫 번째 책, 《새장에 갇힌 새가 왜 노래하는지 나는 아네》를 출간했을 때 마흔한 살이었다. 그녀는 이후에도 수십 권의 책을 더 집필하고, 그래미상을 3번이나 수상했으며 대통령 자유 훈장을 받았다. 배우 겸 코미디언 켄 정은 마흔 살까지 의사로 일했다. 줄리아 차일드는 쉰 살에 첫 요리책을 썼고, 안도 모모후쿠는 예순한 살에 컵라면을 발명했다. 세계에서 가장 왕성하게 활동하는 예술가, 활동가, 기업가들은 자신이 꽃피울 시기를 정하지 않았다. 우리는 왜 정해두어야 하겠는가?

왜 우리는 하늘에서 뽑은 가짜 마감 기한에 따라 자신을 승자나 패자로 느끼는 걸까? 왜 우리는 인생의 사건이 단지 서른 살 이전에 일어났거나, 또래와 같은 시기에 일어났다는 이유로 더 낫다고 믿는 것일까? 우리가 스스로 만든 계획이 성공으로 이어진다고 누가 장담할 수 있을까?

어느 농부의 말이 망가진 울타리를 틈타 도망갔다. 이웃들은 "운이 없었네!"라고 말했다. 이제 그는 밭을 갈 말이 없었다. 그는 "두고 보지요."라고 대답했다. 일주일 후 농부의 말은 다른 야생마 2마리와 함께 돌아왔고, 농부는 그들을 성공적으로 길들였다. 이웃들은 "운이 좋았네!"라고 말했지만, 농부는 다시 "두고 보지요."라고 말할 뿐이었다.

같은 달에 농부의 아들을 태우고 가던 야생마 1마리가 겁을 집어먹는 바람에 아들은 다리가 부러졌다. 이웃들은 농부가 밭에서 아들이 돕던 일손을 아쉬워할 것을 알기에 "운이 나빴네!"라고 말했지만. 농부는 "두고 보지요."라는 말만 되풀이했다. 다음 날, 군관들이 마을을 방문해 모든 젊은이를 군대에 징집했지만, 다리가 부러진 아들은 그냥 지나쳤다. 이웃들은 아들이 전쟁의 위험에서 무사할 것이라며 "운이 좋았네!"라고 외쳤고, 농부는 언제나처럼 덤덤하게 "두고 보지요."라고 말했다.

인간은 미래를 생각하는 유일한 동물이지만, 이야기 속 이웃들처럼 무엇이 우리 삶에 가장 좋은지 예측하는 데는 형편없이 서툴다. 우리는 과거에 경험하고 현재 우리가 알고 있는 제한된 지식을 바탕으로 행복해지고 성공할 수 있다고 생각하는 과정과 일정을 선택한다. 그런 다음 목표를 달성하기 위해 열심히 노력하지만, 막상 미래가 다가왔을 때는 우리가 상상했던 것과는 매우 다른 상황이 된다.

나는 내 인생이 계획대로 흘러가지 않아서 운이 좋았다고 생각한다. 열아홉 살 때 나는 대학 시절의 남자친구와 결혼하고 싶었다. 그보다 나쁜 생각은 없었을 것이다. 스물두 살 때는 변호사가 되려고 했다. 이제는 변호사가 내 열정과 재능에 얼마나 맞지 않은 일이었는지 안다.

농부가 번번이 "두고 보지요."라고 반응했던 것처럼, 우리 인생에서 성공했거나 실패했다고 생각되는 것들에 대해서도 같은 태도를 가질 수 있다. 때로는 정확히 원하던 것을 얻었지만 실망으로 바뀌기도 하고, 좌절이 우리를 올바른 길로 이끌기도 한다. 우리의 일정과 계획에 관해, 우리가 할 수 있는 가장 좋은 말은 "두고 보자."는 것이다.

계획에 없던 일들을 즐겨라

그렇다면 인생의 목표에 어떤 의미가 있을까? 어차피 일이 계획대로 되지 않는다면 애초에 시도하는 것이 무슨 의미가 있겠는가? 계획하는 것과 여유를 갖는 것 사이의 균형을 이해하기 위해 우리 삶을 전국을 누비는 장거리 여행이라고 상상해보자. 뉴욕에 사는데 캘리포니아로 차를 몰고 간다고 가정해보자. 물론 여행 일정을 짜기 위해 계획을 세우겠지만, 어떤 상황에서도 그 계획에서 벗어나는 일 없이 정확히 지키지는 않을 것이다. 날씨가 나쁘면 운전을 멈추고 쉴 것이다. 기운이 넘치는 날에는 더 오래 운전할 수도 있다. 동쪽에서 서쪽까지 멈추지 않고, 한 번에 운전해가려고 하지는 않을 것이다. 그랬다가는 도중에 만날 수 있는 수많은 도시와 모험과 경험을 놓칠 테니, 직선으로 달리지 않는 대신 길을 잃고 헤매도 괜찮다고 생각한다.

여행에서도, 삶에서도 알 수 없는 일과 계획에 없던 일들을 위한 여지를 만들어야 한다. 내슈빌이 마음에 든다면 하루가 아니라 사흘 동안 머물러야 한다. 관심이 가는 도시가 있다면 뉴멕시코를 경유하는 길로 경로를 변경할 수 있다. 차가 고장 났을 때는 멈춰 선 도시를 최대한 즐겨야 한다. 물론 여전히 계획은 세워야 한다. 캘리포니아까지 운전해가려는 마음을 누군가 가로막게 해서는 안 된다. 하지만 '**성공의 비결은 계획을 가볍게 지키는 것이다.**'

우리는 부드러운 길을 이용한다. 삶이 밀어붙이면 우리는 당긴다. 자신을 공격하는 힘에 저항하지 않는다. 대신, 예기치 않았던 놀라움을 받아들이고 마치 기다렸다는 듯이 함께 간다. 13세기 페르시아의 시인 루미Rumi는 이렇게 말했다. "자신에게 다가오는 변화에 저항하지 않도록 하라. 대신 삶이 당신을 통해 살아가도록 하라. 그리고 삶이 엉망이 되었다고 걱정하지 마라. 익숙하던 삶이 앞으로 다가올 삶보다 나을지는 어찌 알겠는가?" 삶에서 길을 잃었을 때 실패를 한탄하는 대신 그저 미소를 지으며 말해보자. "두고 보지요."

우리가 정확한 일정표나 완벽한 과정에 지나치게 집착하는 것은 현재 자신의 모습에 만족하지 못하기 때문이다. 어떤 이유에서든 충분하다고 느끼지 못하기 때문에 적어도 올바른 길에는 있다는 위안을 얻고자 하는 것이다. 나는 자신에게 고유한 일정표일수록 더 좋다는 사실을 진작 알지 못한 것이 안타깝다. 자신을 불행하게 만드는 가장 확실한 방법은 다른 사람의 삶을 살려고 노력하는 것이다.

진정한 성공은 자신의 인생을 자신의 방식대로 잘 간직하는 것이다. 진정한 성공은 마야 안젤루와 줄리아 차일드처럼 사회의 구조와 시간의 틀을 깰 용기가 있을 때만 이룰 수 있다. 중요한 것은 선택은 오직 우리 자신만이 할 수 있다는 점이다. 자신만의 길을 개척하고 자신만의 속도로 나아갈 때만 천재성이 발현될 수 있다. 이것은 우리의 소중한 삶이다. 왜 다른 사람의 것을 복사하여 붙여넣겠는가?

자신의 진척 상황을 다른 사람과 비교하거나 "지금쯤이면 어디쯤 왔어야 하는데……"라고 자책하고 싶은 충동이 느껴진다면, 천재성의 진리 2번인 '일정표는 환상이다. 우리의 여정은 고유하다'를 상기하고 그 충동에 저항하자. 운전대를 잡은 손에서 조금쯤 힘을 빼고, 창문을 내린 채 좋아하는 음악을 틀어보자. 얼마나 오래 걸리든, 모든 것은 나에게 완벽하게 펼쳐진다. 이제 느낀다. 정말 매순간이 성공의 순간임을 말이다. 모든 것이 완벽하게 충만하다.

천재성 연습 ②

1. 삶에서 정해진 일정이나 과정을 따라야 한다는 압박을 가장 심하게 느끼는 영역을 선택한다.

2. 사회적 압박이든 다른 사람이나 자신이 주는 압박이든 상관없다.

3. 이 압박을 물리칠 수 있는 확언을 골라 공책에 10번 쓰고, 불안이 엄습할 때마다 반복해서 자신을 일깨운다. 다음은 몇 가지 예시이다.

· 내 타이밍은 항상 완벽하다.

· 내 타이밍은 항상 옳다.

· 나의 미래는 지금 내가 상상하는 것보다 한결 나아지고 달라질 것이다.

· 삶은 나만의 타이밍을 따라야 더 나아진다.

· 서두를 필요 없다. 내가 원하는 것은 완벽한 시기에 도착할 것이다.

20장 고난은 성공의 근원이다

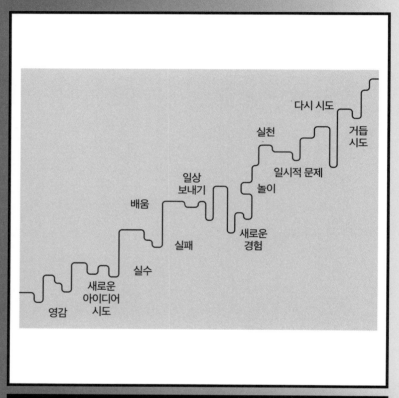

다시 시도

실천

거듭
시도

일시적 문제

일상
보내기

놀이

배움

새로운
경험

실패

실수

새로운
아이디어
시도

영감

표26 좋은 일에는 시간이 걸린다

우리는 모든 것을 당장 갖고자 하는 경향이 있다.
모든 좋은 일에는 시간이 걸리기 마련이라는 점을 기억하자.

● ● ○

지금 모든 걸 가질 필요 없다

이제 마지막 성공 전략의 최종 관문에 이르렀으니, 반갑지 않을 말을 해야겠다. 진정한 성공으로 가는 길에는 힘든 일이 일어날 것이다. 이는 피할 수 없는 진실이다. 확실하게 말할 수 있다. 성취를 향한 길은 장애물과 거절과 고난으로 가득 차 있으며, 다른 무언가를 기대한다면 어리석은 일이다. 당신을 낙담시키려는 것이 아니라 힘을 주기 위해 하는 말이다. 부드러운 길을 활용하면 어려움을 이점으로 바꿀 수 있으며 그 과정에서 내면의 천재성을 자유롭게 풀어줄 수 있다.

세상의 모든 천재는 험난한 길을 잘 알고 있다. 하버드 로스쿨을 수석으로 졸업한 루스 베이더 긴즈버그는 자신보다 실력이 못한 남성 동료들이 유수의 법률 사무소에서 입사 제안을 받는 동안 일자리를 구하는데 어려움을 겪었다. "뉴욕시 전체에서 저를 고용하겠다는 법률 사무소는 없었어요. 제가 탈락한 이유는 3가지예요. 제가 유대인이며, 여성이고 엄마라는 이유였어요." 베라 왕은 마흔 살에 자신의 패션 브랜드를 시작하기 전까지 프로 아이스스케이팅 선수와 편집장이 되겠다는 가장 큰 직업적 목표 2가지를 이루지 못했다. 해리슨 포드는 서른다섯 살까지 전업 목수로 일했다. 멜라니 퍼킨스는 캔바Canva*의 투자금을 유치하기까지 3년 동안 백여 차례 거절당한 바 있지만, 오늘날에는 억만장자가 되었다.

심지어 미셸 오바마도 좌절을 겪었다. 그녀는 로스쿨과 대형 법률 사무소에서 6년간 헌신한 끝에, 결국 자신이 선택한 길로는 절대로 성취감을 얻을 수 없다는 사실을 깨달았다. 내 고객 중 대다수는 성공적인 사업을 구축했지만, 그들 역시 엄청난 좌절과 패배를 겪었고 수년 동안 수많은 거절의 기록을 남겼다.

학교에서 우리는 뛰어난 사람들이 이룬 큰 발전에 대해 배우지만, 그들이 거기에 도달하기까지 겪은 손실에 대해서는 거의 듣지 못한다. 우리는 17장의 일화에 등장하는 무예 수련생처럼 잘못된 가정 3번, 즉 성공은 기술의 숙달에서 비롯한다고 믿으며 자란다. 그래서 우리는 자신의 강점을 더욱 강화하고, 잘하는 것만 고집하며, 어려움을 겪을 조짐이 보일라치면 바로 후퇴한다. 우리는 잘하는 것을 목표로 삼고 그 과정에서 비범해지는 데 필요한 것은 놓친다. 진정한 성공의 비결은 기술의 숙달이 아니다. 성공은 실패의 숙달에서 비롯된다. 이것이 천재성의 진리 3번이다.

---

*   그래픽 디자인을 위한 플랫폼

1997년, 옥타비아 스펜서는 후미등을 테이프로 고정한 10년 된 차를 타고 앨라배마에서 로스앤젤레스로 갔다. 그녀는 3,000달러와 여행가방, 46인치 TV, 그리고 자신의 표현대로 '꿈으로 가득 찬 마음'까지 가진 것 전부를 가져갔다. 부인할 수 없는 재능과 카리스마가 있었지만, 전통적인 영화배우의 전형에서 벗어난 그녀는 계속해서 버스 운전사나 간호사와 같은 단역만 맡았다. 10년 넘게 할리우드에서 끊임없이 거절당하며 생계를 꾸리는 데 어려움을 겪었고, 자매들에게 집세를 빌리기도 했다. 마침내 2011년, 옥타비아는 영화 〈헬프〉에 미니 역으로 발탁되면서 골든 글로브를 비롯해 아카데미 여우조연상 등을 거머쥐며 큰 성공을 거두었다. 이제 전 세계가 만장일치로 옥타비아 스펜서를 스타로 인정했다.

14년 동안 계속해서 거절당하고 실망하다 보면 쉽게 냉담해질 수도 있었다. 비슷한 처지에 있는 많은 사람이 자신의 재능을 의심하기 시작하다가, 부정적으로 변하며 지쳐서 끝내는 꿈을 포기한다. 하지만 그녀는 정반대의 관점을 취했다. 그녀는 역경에 맞서 성공하는 방법을 배웠을 뿐만 아니라, 동시에 다른 사람들을 일으켜 세우겠다고 다짐했다.

옥타비아는 가정 폭력에서 살아남은 사람들이 자립할 수 있도록 비영리 학습 센터에 조용히 자금을 지원한다. 난독증을 겪으면서도 그녀는 여학생들에게 영감을 주는 책을 2권이나 썼다. 최근 옥타비아가 할리우드 명예의 거리에 헌액되었을 때 배우 앨리슨 제니는 옥타비아와 그녀의 심성에 이렇게 경의를 표했다. "그녀는 문을 열어줄 뿐만 아니라 그 문으로 친구들을 끌어당겨 주는 배우이자 프로듀서입니다. 누군가가 그녀의 성공을 도울 때마다 그녀는 다른 이들을 3배로 도우며 그 은혜를 갚았습니다."

끊임없는 거절에도 옥타비아 스펜서의 '꿈으로 가득 찬 마음'은 위축되지 않았다. 대신 그녀는 거절을 더 공감하고, 더 관용하고, 더 베푸는 기회로 삼았다. 이것이 바로 부드러운 길이다.

'칠전팔기'라는 유명한 말이 있다. 7번 넘어져도 8번 일어난다는 뜻이다. 이 간단한 말은 천재가 되는 데 필요한 것을 말해준다. 우리 사이에서 천재들은 특별한 기술이나 능력이 있는 것이 아니라, 실패를 디딤돌로 삼은 사람들이다.

내가 말하는 어려움에는 인종차별이나 편견, 성 불평등, 학대, 혹은 어떤 종류의 괴롭힘과 같은 억압적인 장애물은 포함되지 않는다는 점을 분명히 밝힌다. 이런 것들은 우리가 묵인해서는 안 되며, 이를 받아들이고 여기서 실낱같은 희망을 찾는 것이 우리 책임이라고 믿어서도 안 된다. 여기서 말하는 것은 우리가 사람으로서 마주하는 자연스럽고 피할 수 없는 좌절이다. 삶은 만 가지 즐거움과 만 가지 슬픔으로 이루어져 있다. 아무리 저항해도 고통은 있을 것이다. 파도는 계속 밀려든다. 이렇게 자연스럽게 펼쳐지는 삶의 좌절이 바로 지금 우리가 이야기하는 것이다.

도착 오류: 나는 지금 여기에서 행복할 것이다

나는 행복이란 어려움이 없는 상태를 뜻한다고 믿으며 살아왔다. "승진하면 비로소 행복해질 거야.""새 아파트로 이사하면 모든 게 달라질 거야." 나는 혼자 이렇게 생각하곤 했다. '도착 오류'를 믿었던 것이다. 도착 오류는 목표에 도달하면 곧바로 지속적인 행복이 찾아올 것이라고 믿는 심리적 경향을 일컫는다. 이는 승리를 만병통치약으로 믿게 하고 어떻게든 실패를 피하려고 최선을 다하게 만든다.

당신도 이런 감정을 느껴본 적이 있는가? 미래에 어떤 발전을 이루기만 하면 기다리던 행복과 만족을 얻을 수 있을 거라 믿으며, 그것을 갈망한 적이 있는가? 아마도 학교를 졸업하거나, 특정한 일자리를 얻거나 약혼하는 것을 생각할 수 있을 것이다. 혹은 업무와 관련된 대형 프로젝트나, 시합, 체력 단련 등 목표 달성을 두고 지금 느끼고 있을지도 모른다. 하지만 도착 오류의 가장 큰 문제점은 그것이 착각이라는 점이다. 우리는 오랫동안 기다려온 목적지에 도착하지만, 결국 아무것도 변하지 않았음을 알게 되거나 심지어 실망하기도 한다.

통계적으로 복권 당첨자가 당첨되지 않은 사람보다 더 행복하지 않은 이유가 바로 그것이다. 2016년, 한 연구에서 새신부의 약 50%가 결혼식 후에 실망감이나 우울감을 느낀다고 답한 것도 바로 이런 이유 때문이다. 우리를 행복하게 해줄 것이라 믿었던 것들이 실제로는 그렇지 않은 경우가 많으며, 그 효과는 우리가 상상하는 것보다 훨씬 덧없다. 정작 열심히 노력해서 이룬 성취는 빠르게 잊히고 우리는 다른 목표, 또 다른 목표 다시 다른 목표를 좇게 된다. 수평선은 항상 움직인다. 우리는 영원히 오지 않을 감정적 월급날을 갈망하며 도착 오류에 사로잡힌 채 평생을 보내게 된다.

행복해지기 위해 삶이 완벽해지기만을 기다린다면 행복은 우리를 피해갈 것이다. 행복은 고난이 없어진 결과가 아니다. 아무리 어려운 상황에서도 자신의 힘을 인정하고 활성화하는 것이 바로 행복이다.

표현: 깊이 표현하고, 깊이 공감한다

장애물과 어려움으로 힘들 때는 먼저 자신의 감정에 귀 기울일 수 있는 공간을 만들어야 한다. 모든 감정에는 우리가 존중하고 충족시키기 위해 최선을 다해야 하는 나름의 욕구가 있다.

나는 내 어머니에 대한 분노가 있었다. 그리고 그 분노를 완전히 극복하는 데는 꼬박 2년이 걸렸다. "이제 어머니 말고 아버지에 대해 이야기할까요?" 1년이 지났을 때 치료사는 내게 물었다. "아직 멀었어요." 나는 어머니에 대해 풀어낼 것이 여전히 너무 많아서 이렇게 대답했다. 오래 걸리긴 했지만, 궁극적으로는 생산적인 과정이었고 그 과정을 끝낸 뒤에야 비로소 유년기에 대한 좋은 감정이나 연민을 회복할 수 있었다.

우리는 장애물을 장점으로 바꾸고자 하지만, 고통 속의 한 줄기 희망으로 곧바로 들어갈 수는 없다. 이렇게 고통을 피해 희망으로 향하는 것을 영적 우회라고 하는데, 이는 감정을 더 깊숙이 묻어 곪게 할 뿐이다.

지금은 고난을 장점으로 생각할 수 있는 상황이 아니라고 해도 그것은 충분히 이해할 수 있는 일이다. 때로는 가장 깊숙한 곳에 자리한 트라우마가 요구하는 분노와 슬픔의 단계를 모두 거쳐야만 한다.

이럴 때는 불평 편지를 쓰는 것이 유용하다. 편지에는 내가 화난 이유를 크든 작든 모두 표현한다. 침착하거나 논리적으로 쓰려고 억지로 애쓰지 않는다. 오히려 마음껏 공격적으로 화를 내거나 슬퍼할 수 있는 권한을 스스로 허락하고, 누구든 원망할 수 있게 한다. 이 과정의 주된 목표는 카타르시스이므로 아무것도 참지 않는다.

그리고 불평을 다 끝냈으면, 불평 편지에 대한 답장을 스스로 쓴다. 이는 연민 편지라고 부르는데, 나는 이런 식으로 시작한다. "리즈에게, 네 이야기 잘 들었어. 정말 힘들겠다는 걸 잘 알겠어……." 해결책이나 희망적인 내용을 제안하는 것이 아니라 그저 깊이 공감하고 이해해준다.

수용: 나는 받아들인다

나는 살아가면서 대체로 피해자 역할을 해왔다. 나는 삶이 불공평하다고 믿었고, 나는 늘 불리한 처지에 있었다. 생면부지의 아버지와 연락이 끊긴 어머니를 생각하며 "하필이면 왜 내가?"라고 한탄하곤 했다. 나는 많은 사람에게 질투심을 느꼈고 어머니와 친구와 우주를 포함하여 원망할 수 있는 대상은 모조리 탓했다. 부드러운 길과는 정반대였다. 현실에 대처하는 대신 현실에 항의하며 지칠 대로 지쳐갔다. 나는 상처받느라 너무 바빠서 삶을 잘 살아갈 수가 없었다.

피해의식과 책망 속에서 힘든 시간을 보낼 때 내가 사용하는 2가지 확언이 있다. 첫 번째는 이것이다. **'나 자신은 물론이고, 비난받을 사람은 아무도 없다.'**

이 확언은 우리가 다른 사람에게 가혹하게 대하는 만큼 자신에게도 똑같이 대할 수 있기 때문에 꼭 필요하다. 우리는 직면한 어려움을 살펴보고, 자신이 그 어려움을 초래하는 데 어떤 역할을 했다고 믿으며, 거기에 대해 자신을 비난한다. 자신을 향하든 타인을 향하든 비난은 모두 잘못된 것일 뿐만 아니라 비생산적이므로 이러한 확언이 매우 중요하다. 이 확언은 그 상황을 지나가는 데 도움이 될 수 있다.

내가 활용하는 두 번째 확언은 이것이다. **'나는 이 상황이 싫지만, 내가 여기 있는 것을 받아들인다.'** 이 확언은 불가능한 것을 기대하지 않기 때문에 나에게 잘 통한다. 확언은 자신이 부분적으로는 그것을 믿을 때만 효과가 있다. 이를테면 지극히 힘든 상황에 대해 "나는 이 상황을 사랑한다."라고 말해봤자 소용없을 것이다. 확언은 합리적이고 진실해야 한다. 다만 아주 조금만 과장되게 표현한다. 이렇게 하면 우리의 뇌가 오래된 신념에 도전하면서도 안전하다고 느끼는 적절한 균형이 만들어진다. 나는 이 상황이 싫다는 데 동의하지만, 내가 여기 있다는 것을 받아들인다. 이것이 현실이다.

수용은 천재성을 드러내는 열쇠다. 수용이 없으면 탁월해지는 데 필요한 에너지가 충분히 남지 않기 때문이다. 배 안에 침착하게 앉아 있는

데 누군가 갑자기 나를 강물에 던졌다고 상상해보자. 나는 당황해서 허둥거리며 배로 돌아가려고 미친 듯이 물살을 거슬러 헤엄치려고 한다. 이렇게 몸부림치다 보면 금방 지쳐서 가라앉을 것이다. 하지만 새로운 환경을 받아들이고 물의 흐름에 몸을 맡기면 우리는 어느새 해안에 다다를 것이다.

이것이 바로 부드러운 길이다. 우리는 지금 이 자리에 있고, 할 수 있는 일은 이 상황을 최대한 활용하는 것만 남아 있다.

첫 5시간: 안 해본 걸 다 해볼 것

장애물을 기회로 바꾸는 다음 단계는 7번 넘어지고 8번 일어나는 칠전팔기를 실천하는 것이다. 말콤 글래드웰Malcolm Glad-well은 어떤 기술의 달인이 되려면 1만 시간의 연습이 필요하다고 말했다. 이 말은 우리 대부분과는 무관하다. 이는 5년 동안 일주일에 40시간씩 전업으로 무언가를 연습해야 한다는 뜻이다. 혹은 취미 생활에 쓰는 시간처럼 일주일에 5시간씩 연습한다면 숙달하는 데 40년이 걸린다. 이런 발상은 대체로 도움이 안 된다. 무엇이든 열심히 할 때 가장 중요한 부분은 그 끝이 아니라 처음 5시간이기 때문이다.

첫 5시간은 가장 힘든 시기다. 뭐가 됐든 우리가 배우고자 하는 것을 그 어느 때보다 형편없이 하고 있을 시간이기 때문이다. 만약 처음 5시간 동안 쓰러질 때마다 일어나겠다고 마음먹으면 우리는 별안간 무엇이든 할 수 있고, 무엇이든 배울 수 있으며 꿈을 이룰 수 있게 된다. 나는 어렸을 때 주로 집 안에만 있었고, 고등학교 때까지 수업 외에 운동을 한 번도 해본 적이 없어서 시간이 한참 지나도 운동이라면 실력이 형편없었다. 그러다가 스물여덟 살에 요가를 시작했고, 서른다섯 살에 처음으로 로드바이크를 탔으며 지금도 수영을 배우는 중이다.

처음 요가 수업을 들었을 때는 너무 긴장한 나머지 마지막에는 울음을 터뜨리기까지 했다. 다섯 번째 수업 때는 불안감이 완전히 사라졌고, 스무 번째 수업 때는 프로가 되었다. 로드바이크를 처음 탔을 때는 겁을 먹고 핸들을 너무 세게 잡아서 굳은살이 생겼다. 다섯 번째에는 언덕을 빠르게 내려갔고, 10주 후에는 생애 첫 듀애슬론 경기에 참가해 자전거를 타고 웨스트사이드 하이웨이를 남부럽지 않게 잘 달렸다.

천재성을 실현하는 과정에서 우리는 처음으로 해보는 어려운 일들을 많이 겪게 될 것이다. 불편함에 익숙해지는 법을 배우지 않으면 아무데도 갈 수 없다. 그러니 뭐든 어려운 것, 새로운 것, 미지의 것에 도전할때는 처음 5시간의 개념을 염두에 두고 극단적인 초보 단계의 반대편에는 느긋함이 있다는 것을 상기하자.

나는 성인이 되어 킥볼이며 농구, 스핀, 필라테스 등 어렸을 때 해보지 않은 운동을 모두 해봤다. 처음에는 대체로 형편없었지만, 시간이 지나면서 점점 더 운동을 잘하게 되었다. 재능은 전혀 상관없었다. 모두 마음가짐에 달려 있었다. 나는 시작하기에 능숙한 전문가가 되려고 노력했다.

당신도 시작을 잘하는 전문가가 될 수 있는가? 뭐든 서툴러도 괜찮다고 느낄 수 있는가? 아무리 불편하더라도 꾸준히 새로운 것을 시도할 수 있는가? 다음에 어려움을 겪거나 실패할 때는 부드러운 길을 활용해 보자. 형편없는 실력을 자책하는 대신, 시작한 용기를 스스로 자랑스러워하자. 생각을 재구성하자. 우리는 실패하는 것이 아니라, 용감하게 시도하는 사람이다. 서투른 것이 아니라, 점점 나아지는 사람이다. 고수가 되는 데는 1만 시간이 걸릴 지도 모르겠지만, 초보자에서 벗어나는 데는 단 5시간이면 충분하며 그 힘든 과정에서 가장 중요한 것은 바로 시작하는 것이다.

나만의 교훈을 찾아라

때로는 고난이 너무 오래 지속되어 얼마나 더 견딜 수 있을지 의심스러워지기도 한다. 우리는 넘어졌다가 다시 일어난다. 멍들고 사기가 떨어져서 계속 나아갈 수 없을 때까지 몇 번이고 반복해 넘어지고 일어난다. 이럴 때 우리는 이렇게 한탄한다. "왜 나에게 이런 일이 일어나는 걸까?"

이 글을 쓰는 지금 시점에서 말하고 싶다. 나는 3년째 임신을 위해 매우 열심히 적극적으로 노력하고 있다. 식단을 바꾸고, 비타민을 복용하고, 침을 맞고, 의사를 수십 명 만나고 보험이 적용되지 않는 불임 치료를 위해 수백 시간을 들여 큰돈을 썼다. 찌르고 쑤셔가며 온갖 검사를 다 해봤지만, 임신이 안 되는 이유를 알려주는 의사는 아무도 없었다. 나는 평범한 가족을 가져본 적이 없었기 때문에 항상 내 가족을 만들고 싶다는 깊고 허기진 갈망이 있었다. 그래서 매달 생리가 시작될 때마다 절망에 빠진다. 그동안 36번이나 실패했고, 지금도 계속되고 있다.

그렇게 볼 수도 있지만, 또 다른 관점도 있다. 나는 시간이 지나고 나서야 비로소 깨달을 수 있었다. 내가 바꾼 부분은 이 경험이 나에게 일어나는 것이 아니라 나를 위해 일어나고 있다고 이해하는 것이었다. 물론 힘든 순간이 수없이 있었고 여전히 원하는 것을 얻지 못했지만, 이러한 계기가 아니었다면 인생의 교훈과 개인적인 성장을 만나지 못했을 것이다.

여기에 일일이 적기에는 너무 많은 것들이 있지만, 내가 배운 교훈의 첫 번째 예는 공감이다. 나는 오랫동안 악전고투하며 시간을 많이 들여야 하는 건강 문제를 가진 사람들을 이해할 수 있었다. 과거에는 이런 일에 인내심이 전혀 없었다. 아이러니하게도 수년 전 한 친구가 불임에 대한 어려움을 토로했을 때, 젊고 미혼이었던 나는 그 친구의 감정을 어리석고 지루한 과잉 반응이라고 생각했었다. 이 고난은 다른 사람의 입장이 되어볼 수 있는 계기가 되어 나를 더 친절하게 만들었다.

두 번째로, 나는 연인에게 감정을 드러내면 상대가 나를 사랑하지 않을 것이라는 평생의 두려움이 있었다. 이 믿음은 어린 시절 울거나 화를 내는 것이 허용되지 않았던 시기에 만들어졌다. 어머니는 미신에 따라 슬픔이 집에 불운을 불러들인다고 믿었다. 그래서 내가 눈물을 흘리면 어머니는 화를 내며 내가 우리 가족을 저주했다고 소리쳤다. 나는 화가 나면 숨는 법을 배웠고, 절대 도움을 요청하지 않았다. 나는 독립적으로 자급자족하는 것에 자부심을 느꼈고, 누구의 도움도 필요 없는 것이 최고라고 떠들어댔다.

그래서 리셋이 가장 암울한 시기를 겪을 때도 남편에게 감정적으로 든 다른 어떤 면으로든 도움을 청한 적이 없었다. 그러던 중 불임이라는 난관이 나에게 가장 달콤한 선물을 주었고, 내가 어쩔 수 없이 변하도록 만들었다. 나는 우울하고 의기소침해져서 슬픔의 구렁텅이에 빠져 있었고, 내 행동 양식을 깨는 것 외에는 선택의 여지가 없었다.

나는 남편에게 도움을 요청했을 뿐 아니라 지지를 요구했다. 나는 남편에게 나를 위해 노력해달라고 말했다. 놀랍게도 남편은 내 요구에 응했다. 나는 바닥을 치고 나서야 나에게도 조건 없는 사랑을 받을 자격이 있다는 것을 알 수 있었다. 이보다 더 큰 보물은 상상하기 어렵다.

임신을 시도하던 두 번째 해, 최악의 상황이었을 때 나는 새벽 2시에 슬픔에 잠긴 채 잠에서 깼다. 악몽을 꾸었는데, 한 무리의 의사들이 나에게 아이를 가질 수 없을 것이라고 말했다. 그러더니 내가 살면서 한 일을 모두 열거하면서, 아이를 가질 자격이 없다는 것을 보여주었다. 나는 몸을 부들부들 떨면서 울다가 잠에서 깨어났고, 침대에서 내려와 바닥에 몸을 웅크린 채 숨을 크게 헐떡이는 것밖에 할 수 없었다. 남편은 내가 다시 침대로 갈 수 있게 도와주었다.

결국 내 감정은 진정되었지만, 몇 시간 동안이나 그의 밤잠을 방해한 셈이었다. "내가 밤잠을 망쳐버렸네." 나는 이렇게 말했다. 하지만 남편은 전혀 개의치 않았다. 그는 이렇게 대답했다. "괜찮아. 적어도 한밤중에 함께 깨어 있게 되었잖아."

"적어도 한밤중에 함께 깨어 있게 되었잖아."

이것은 내가 지난 3년간 겪은 고난과 그 횟수를 어떻게 생각하는지에 대한 은유다. 나는 깊은 밤 속에 있고 많은 어려움이 있지만, 적어도 나는 깨어 있고 배우고 있으며 그런 경험이 아니었다면 알지 못했을 보물을 발견하고 있다. 슬픔에는 기쁨이 있고, 실망에는 교훈이 있다. 예전에는 매달 겪는 실망을 고난으로 여겼다. 이제 나는 그것이 자신을 더 사랑할 기회라는 것을 안다.

"우리가 알아야 할 것을 가르치기 전까지는 아무것도 사라지지 않는다."

페마 초드론은 이렇게 말했다. 나는 이 말을 믿는다. 리셋을 운영하면서 재정적인 어려움을 겪을 때도 마찬가지였다. 외부에서 결과를 보기 전에 내부에서 많은 변화를 이루어야 했다. 그리고 지금도 마찬가지다. 나는 여전히 이 이야기의 결말, 이른바 해피엔딩을 기다리고 있다. 나는 돌이켜보며 이렇게 말할 순간을 기다린다. "결국 모든 것이 효과가 있었고, 다른 방법은 상상할 수 없다!" 아직은 아니다. 나는 아직 거기까지 가지 못했다. 하지만 괜찮다. 나는 내가 있는 자리를 받아들일 수 있다. 여기 있는 것도 괜찮다.

지금 당신에게 가장 큰 장애물과 어려움은 무엇인가? 삶의 어떤 부분이 불편하거나 불안정하게 느껴지는가? 혹은 그저 힘들게 느껴지는가? 지금 이 민감한 시기에 가장 중요한 질문은 바로 이것이다. '지금 나에게 가장 필요한 것은 무엇인가?'

감정을 표현하는 것이 필요한가? 상황을 받아들이는 것이 필요한가? 처음 5시간을 견뎌내는 것이 필요한가? 아니면 교훈을 찾는 것이 필요한가? 나에게 필요한 것이 무엇이든 풍부한 사랑과 상냥함으로 자신에게 주도록 하자. 이 시련의 시기는 선물이다. 시련을 통해서만 자신이 어떤 사람이 되고 싶은지 결정할 수 있기 때문이다.

삶이 장밋빛이고 세상 모든 것이 잘 풀릴 때 우리는 결코 변화를 강요받지 않는다. 왜 잘 작동하고 있는 좋은 것을 바꾸겠는가? 자, 오늘 당신은 어떤 사람이 되고 싶은가?

- 실패하지 않는 자신을 소중히 여기겠는가? 아니면 절대 포기하지 않는 자신을 사랑하겠는가?
- 자신에게 닥친 어려움을 한탄하겠는가? 아니면 배우고 성장하고 있다는 신호로 받아들이겠는가?
- 힘든 일이 닥쳤을 때 왜 하필이면 나에게 이런 일이 일어나는지 묻겠는가? 아니면 이 모든 것이 나를 위해 일어나는 일이라는 것을 이해하겠는가?

천재성 연습 ③

1. 지금 내 인생에서 가장 어렵고 절망스러운 상황을 생각해본다.

2. 표현해야 할 강한 감정이 있다면 자신에게 불평 편지를 쓴 다음 공감과 이해의 마음을 담아 연민 편지를 써보자.

3. 편지를 작성한 후에는 다음과 같이 자신의 상황에 대해 자문해보고 답을 공책에 기록한다.

· 이 일이 나에게 어떤 교훈을 가르치는가?

· 이 일이 나에게 어떤 선물을 선사하는가?

· 이 고난이 어떻게 나의 성공의 근원이 되겠는가?

정답이 없다는 게 정답이다

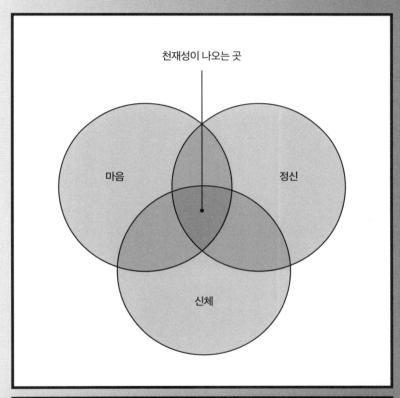

천재성이 나오는 곳

마음   정신

신체

표27 당신은 누구인가

당신의 출신 학교가 어디인지, 어디서 일하는지, 은행 계좌의 잔액이
얼마인지 이것들은 당신이 어떤 사람인지 말해주지 않는다.
당신의 천재성은 당신의 신체와 마음과 정신에서 나온다.

타인에게 내 삶을 결정할 권한을 주지 말자

마지막 성공 전략에서 단 1가지만 가져가야 한다면, 바로 이것이다. 다른 사람에게 내 삶을 결정할 권한을 주지 말자.

세상을 살아가다 보면 알 수 있을 것이다. 우리에게는 하고 싶은 걸 할 수 있을 만큼 재능이 있는지 평가하는 무서운 잣대가 넘치도록 밀려 든다. 우리는 표준화된 시험을 치르고 백분위에 따라 성적이 매겨진 다음, 초과 달성자 또는 미달자로 분류된다. 우리는 개인의 가치를 정해야 하는 것처럼 일류, 이류, 삼류로 취급되는 학교에 진학한다. 또는 학교에 아예 다니지 않으면 이것이 우리에 대해 무엇을 말하고 있는지 추리한다.

이러한 외부적 가정은 모두 버려라. 내가 받은 성적, 내가 다닌 학교, 내가 태어난 집안, 내가 일하는 회사가 곧 나는 아니다. 이는 기계적 일의 방식이자 세상을 바라보는 관점으로, 모든 사람을 몇 가지 항목으로 환원한다. 그 어느 것도 우리가 어떻게, 어떤 방식으로 성공할 것인지 알려 주지 않는다.

소설가 에이미 탄에게 사람들은 그녀가 글을 쓰는 일보다 과학 분야에 집중하는 것이 더 어울린다고 말해주고는 했다. 그리고 이후, 그녀는 화려한 수상 경력에 빛나는 소설을 집필했고, 그녀의 책은 수백만 부가 판매되었다. 전설적인 농구선수 마이클 조던은 고등학교 대표팀에서 탈락했다. 아인슈타인은 선생님에게 아무것도 되지 못하리라는 말을 들었고, 오프라 윈프리는 "텔레비전에 적합하지 않다"는 이유로 뉴스 앵커직에서 강등되었다. 나 역시 대학을 겨우 졸업했지만, 지금은 그 누구보다도 나의 일에 만족하고 있다. 이것이 이 이야기의 교훈이다. 내 능력의 한계를 정의할 권리는 다른 누구에게도 없다.

물론 세상의 표준에 맞게 살아가는 것도 괜찮다. 이것이 당신에게 어울린다고 느낀다면, 당신은 잘 살고 있는 것이다. 시험을 잘 봐서 좋은 학교를 나왔다면, 당연히 자신의 성취에 자부심을 느껴야 한다. 하지만 당신의 가치는 성취의 결과 이상이라는 사실을 기억해야 한다. 당신이 성취한 것이 당신을 만드는 것은 아니다. 그것이 당신이 가치 있는 이유가 아니다. 그 성취는 당신이 해낸 멋진 일이지만, 성취가 곧 당신이 어떤 사람인지 말해주는 것은 아니다. 금융과 경제 분야에 능통하다고 해서 음악에 대한 열정을 잊어야 하는 것은 아니다. 선생님과 상사를 행복하게 했다면 아주 좋은 일이지만, 그것이 당신이 줄 수 있는 전부는 아니다.

우리가 몇 번이고 되풀이했던 짧은 이야기에서 무예 수련생은 자신의 인생 경로를 결정하기 위해 다른 사람, 즉 권위 있는 인물을 찾았다. 그는 다른 사람이라면 자신의 역량을 자신보다 더 잘 측정할 수 있다고 믿었다. 만약 내가 그에게 말을 건넨다면 이렇게 말할 것이다. "어떤 선생님도, 시험도, 상사도 당신의 삶에 어떤 일이 일어날지 모릅니다. 그런 능력이 있는 사람은 오직 당신뿐입니다."

탁월해진다는 것은 외부에서 검증받을 필요 없이 스스로 그 검증의 근거가 된다는 것을 의미한다. 자신이 충분히 잘하는지 다른 사람에게 물어볼 필요는 없다. 다른 누구도 내가 괜찮은지 확인할 수 없다. 천재성의 진리를 염두에 두고 마음에 새기면서 지금 그리고 언제나 자신에게 힘을 실어주자.

> **천재성의 진리 ①** 자신을 더 사랑할수록 더 진정한 성공을 만날 수 있다.
> **천재성의 진리 ②** 일정표는 환상이며, 우리의 여정은 고유하다.
> **천재성의 진리 ③** 진정한 성공은 실패의 숙달에서 비롯된다.

이제 연습을 통해 천재성의 진리를 이해했으니 이야기는 어떻게 전개되어야 할까? 무예 수련생이 천재성의 진리를 굳건히 지키며 살았다면 어떻게 했을까? 스승에게 어떤 질문을 했을까? 그는 어떤 방식으로 지혜에 응답했을까?

정답이 없다는 게 정답이다. 우리는 수련생이 스승에게 무엇을 물었을지 알 수 없다. 수련생의 길은 그 수련생에게 고유한 것이기 때문이다. 누구든지 쿠키를 찍어내듯 똑같이 존재해야 하는 방식은 없다.

나의 고객들이 서로 같은 유형의 직업에 종사하고 있더라도, 나는 같은 조언을 여러 번 하지 않는다. 같은 이야기와 같은 데이터를 공유하고 같은 질문을 하지만, 고객들 각자는 저마다의 고유한 방식으로 그 조언에 응답하는 독특한 사람이다. '올바른 방법'이 없다는 생각은 두려울 수도 있고 해방감을 줄 수도 있다. 자신의 길을 스스로 이끌어가기가 겁난다면 두려운 일이지만, 다른 사람이 대신 몰고 가는 것에 지쳤다면 힘을 얻을 수 있다.

- 당신은 충분히 열심히 일하고 있는가? 아니면 너무 쉽게 하고 있는가? 오직 자신만 알 수 있다.
- 당신은 삶의 올바른 일정표와 과정을 따르고 있는가? 상황에 따라 다르다.
- 원하는 것을 얻는 데 필요한 기술을 익혔는가? 나는 모른다. 당신 생각은 어떤가?

나의 친구는 지금 하는 일보다 훨씬 더 좋은 일자리를 제안받았다. 그는 모든 친구와 가족에게 어떻게 해야 할지 물었고, 나를 포함한 전원이 새 일자리를 선택하라고 열의를 다해 말했다. 나는 그가 낡은 틀에서 벗어나 자신의 천재성을 발휘하고, 행복해지기 위해 꼭 필요한 기회라고 확신했다.

그는 새 일자리를 얻었지만, 몇 달 후에 그가 새 직장을 그만두고 이전 직장으로 되돌아갔다는 사실을 알게 되었다. 나는 충격을 받았다. 어떻게 원래 자리로 돌아갈 수 있는지 이해할 수 없었다. "어떻게 된 거야?" 나는 그에게 갑작스러운 변화에 관해 물어보았다. "다들 말하는 대로 했지." 그는 이렇게 말했다. 그것이 그의 실수였다. 그는 내면의 천재성 대신 군중의 목소리를 선택했던 것이다.

아마도 지금 당신은 엄청난 압박을 받고 있을 것이다. 이 세상에서 자신의 운명을 결정하는 유일한 사람이 되는 것이 무척 부담스러울 것이다. 어쩌면 친구나 다른 사람에게 조언도 구할 수 없다고 생각할 수도 있겠다. 하지만 내가 말하는 것은 그런 뜻이 아니다. 당연히 다른 사람의 의견을 구할 수 있다. 나는 단지 그런 의견을 적절히 가감하여 받아들이라고 말하는 것이다.

그 누구도 당신이 당신을 아는 것만큼 알지 못한다. 부모, 배우자, 가장 친한 친구조차도 바로 이 순간 당신의 감정, 선호도, 필요를 속속들이 알지는 못한다. 외부의 조언에 담긴 진실에는 본질적으로 항상 한계가 있을 수밖에 없다.

이 힘을 두려워하지 말자. 당신은 그것을 위해 태어났다. 이것이 바로 고대 로마인들이 이야기했듯이 당신이 천재라는 정령을 가지고 이 세상에 태어난 이유이며, 내면의 천재성이 존재하는 이유다. 어떠한 순간에 무엇을 해야 할지 잘 모를 때도 있겠지만, 장담컨대 당신에게는 그 목표에 이르는 데 필요한 모든 도구가 있다. 자신을 사랑하고, 자신의 말에 귀를 기울이고, 천재성의 진리를 믿고, 힘든 질문을 자신에게 하고 정직한 답을 하자. 이제 당신은 성공 전략 4단계를 완전히 습득했다. 당신은 진정한 성공을 만나고, 성공의 카르마를 만드는 데 필요한 모든 것을 갖추었다.

나오는 글 # 당신은 모든 준비를 마쳤다

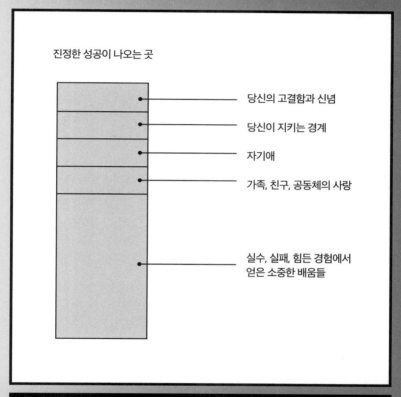

진정한 성공이 나오는 곳

당신의 고결함과 신념

당신이 지키는 경계

자기애

가족, 친구, 공동체의 사랑

실수, 실패, 힘든 경험에서
얻은 소중한 배움들

표28 당신의 힘이 나오는 곳

당신의 힘은 보이지 않는 내면세계에서 나온다.
당신의 마음가짐과 신념, 경계, 지혜가
내면의 천재성을 자유롭게 풀어준다.

• • •

이 책의 첫 장에서 우리는 한 학생이 스즈키 순류에게 불교를 한 문장으로 설명해 달라고 한 이야기를 했다. 그는 단 한 마디로 대답했다. "모든 것은 변한다." 이 책을 통해 우리는 성공 전략 4단계를 배우고, 그 근간이 되는 개념을 탐구하고 이를 적용하여 성공한 많은 사람의 이야기를 들어보았다. 이제 스즈키 순류처럼 이 책을 한 문장으로 요약해보겠다. **"자신을 믿어라."**

삶을 이분법적으로 바라보면 쉽게 답을 내릴 수 있을 때가 많다. 우리는 오늘 비가 올지, 더 저렴한 항공편을 예약할 수 있는지 묻는다. 우리는 산더미처럼 쌓인 온라인 정보를 손쉽게 살펴보고 현실의 본질을 명확히 파악한다. 하지만 직업적 진로에 관해서는 자료가 한층 불확실하다. 우리가 한 선택이 올바른 선택인지 알 수 없고, 우리가 내린 결정이 어떻게 전개되는지는 먼 훗날이 지나야 알 수 있다. 19장의 이야기에 나오는 농부처럼 우리는 기다리고, 지켜봐야 한다. 이것은 두려운 일이다. 보이지 않기 때문이다. 하지만 이제 당신은 다르다. 당신은 직관적 일의 절차를 알게 되었고, 미래를 향해 빠르고 자신감 있게 나아가는 데에 필요한 모든 것을 갖추었다. 당신은 내면의 천재와 연결되었다. 당신은 그 천재성을 자유롭게 풀어놓았다. 이제 자신을 믿고, 자신의 삶이라는 고유하고 귀한 모험에서 무엇이 펼쳐질지 즐겁게 기다리기만 하면 된다. 성공의 카르마를 만난 것을 축하한다.

감사의 말

먼저 온전한 자신이 되라고 격려해준 린 존스턴에게 감사의 말을 전하고 싶습니다. 매 순간 정확한 피드백을 해준 린 덕분에 이 책이 나올 수 있었어요. 이 책의 편집자, 메리 선과 베로니카 벨라스코에게도 큰 감사를 표합니다. 책과 나를 이끌어주고, 지지해준 건 마법 같은 일이었습니다. 이 책은 나를 포함한 여러분 내면의 천재성으로 완성한 것이라고 생각해요. 또 《성공의 카르마》라는 멋진 제목을 지어준 아드리안 자크하임, 고맙습니다. 펭귄랜덤하우스의 직원분들에게도 진심으로 감사드립니다.

리셋의 디자인은 물론이고, 책의 디자인을 담당한 테사 포레스트, 고맙습니다. 여러분의 재능에 감사했고, 함께 작업할 수 있음에 진심으로 감사했습니다. 남편이자 첫 번째 독자인 데브, 나의 쉼터가 돼줘서 고마워요. 불안한 마음을 달래주고, 격려와 포옹을 해주던 당신의 모습은 잊지 못할 거예요. 나의 소중한 가족들, 모두 고맙습니다.

처음 글쓰기를 배울 때 직감으로 존 에반스의 수업을 선택했는데요. 정말 운이 좋았습니다. 존, 투박하고 서툰 나의 글에서 불꽃을 발견하고, 나의 내면을 표현할 수 있도록 이끌어줘서 고마웠어요. 글을 쓰면서 친구들에게도 많은 빚을 졌습니다. 글이 좋을 때도, 좋지 않을 때도 나를 지지해준 친구들, 고맙습니다.

《성공의 카르마》는 리셋의 고객들과 함께 하는 작업에서 영감을 받았습니다. 수년간 함께 일했고, 매일매일 그들에게 배우고 있어요. 내면의 천재들을 알게 돼서 정말 행운이라고 생각합니다. 또 팟캐스트 '더 리셋'의 청취자 여러분, 정말 고맙습니다. 여러분은 저의 뮤즈이며, 이 책은 여러분을 위한 책이에요.

알루아 아서, 알리마마 라셰드, 아비바 롬, 이제이 힐, 킴 팸, 피에라 젤라디, 트리니티 무존 워퍼드…… 제가 존경하는 당신들의 이야기를 세상에 들려줄 수 있어서 감사했습니다. 그리고 마지막으로, 시간과 공간을 초월해 고백합니다. 나의 어머니, 조부모님, 그들의 어머니, 또 이 세상의 모든 어머니들에게도 감사드립니다.

마지막으로 미래의 나, 시간이 흐를수록 점점 더 현명해질 나에게도 고맙습니다. 그리고 언젠가는 반드시 만나게 될 나의 아이들에게도 미리 사랑과 감사의 인사를 전합니다.

참고문헌

들어가는 글

- "I always had to be willing to stand alone": Robinson, Roxana. Georgia O'Keeffe: A Life. Waltham, Mass.: Brandeis University Press, 2020.
- "often made with high confidence": Seligman, Martin, and Michael Kahana "Unpacking Intuition: A Conjecture,"Perspectives on Psychological Science 4(4): 399–402. doi: 10.1111/j.1745-6924.2009.01145.x. PMID: 20300491; PMCID:PMC2839455.

1장 당신은 나아질 수 있다

- he replied, "Everything changes": Chadwick, David. To Shine One Corner of the World: Moments with Shunryu Suzuki:Stories of a Zen Teacher Told by His Students. New York: Broadway Books, 2001.

3장 행복은 바로 여기에 있다

- "We cannot solve": Isaacson, Walter. Einstein: His Life and Universe. New York: Simon & Schuster, 2008.
- "joy is possible": Gay, Ross. "Ross Gay—Tending Joy and Practicing Delight." The On Being Project, updated March 26, 2020, onbeing.org/programs/ross-gay-tending-joy-and-practicing-delight.

- "I am a professional laugher": Lama, Dalai, and Sofia Stril-Rever. My Spiritual Journey: Personal Reflections, Teachings, and Talks. New York: HarperOne, 2011.
- "I just don't trust myself": Olmstead, Molly. "Simone Biles Explains Withdrawl: 'I Just Don't Trust Myself as Much as I Used to.' " Slate, July 27, 2021, slate.com/culture/2021/07/simone-biles-olympics-gymnastics-statement .html.
- "hurts my heart": Miranda, Gabriela. "Here's What Simone Biles Told Reporters after Withdrawing from Tokyo Olympics Team Final." USA Today, Gannett Satellite Information Network, July 27, 2021, usatoday.com/story/sports/olympics/2021/07/27/simone-biles-quotes-mental-health-after-2021-tokyo-olympics-final/5385472001.
- children laugh about one hundred fifty times a day: Holden, Robert. Living Wonderfully: A Joyful Guide to Conscious-Creative Living. New York: Thorsons, 1994.
- average adult laughs less than twenty: Martin, Rod A.,and Nicholas A. Kuiper. "Daily Occurrence of Laughter: Relationships with Age, Gender, and Type A Personality."Humor: International Journal of Humor Research 12(4) (1999): 355–84. https://doi.org/10.1515/humr.1999.12.4.355.

5장 고요, 고정, 고독을 실천하라

- blood flows to your brain: Bernardi, L., C. Porta, and P. Sleight. "Cardiovascular, Cerebrovascular, and Respiratory Changes Induced by Different Types of Music in Musicians and Non-musicians: The Importance of Silence." Heart 92(4) (April 2006): 445–52. doi: 10.1136/hrt.2005.064600. Epub September 30, 2005. PMID: 16199412; PMCID: PMC1860846.
- Focus and creativity also increase with silence: Dent, Maggie. Saving Our Children from Our Chaotic World: Teaching Children the Magic of Silence and Stillness. Gerringong, New South Wales: Pennington Pub., 2009.
- grow new brain cells: Kirste, Imke, Zeina Nicola, Golo Kronenberg, Tara Walker, Robert Liu, and Gerd Kempermann. "Is Silence Golden? Effects of Auditory Stimuli and Their Absence on Adult Hippocampal Neurogenesis." Brain Structure & Function 220(2) (March 2015): 1221–28. 10.1007/s00429-013-0679-3.
- "Meditation is just gently coming back:" Chödrön, Pema. How to Meditate: A Practical Guide to Making Friends with Your Mind. Boulder, Colo.: Sounds True, 2022.

7장 최고의 결과가 나오는 또 다른 곳

- Cheri had listened to her intuition: "Thich Nhat Hanh, Cheri Maples, and Larry Ward—Being Peace in a World of Trauma." SoundCloud, soundcloud.com/onbeing/thich-nhat-hanh-cheri-maples-and-larry-ward-being-peace-in-a-world-of-trauma.

9장 언제든지 만날 수 있는 멘토를 찾아라

- "Manifestation complete," Drake said: Plante, Chandler. "Drake Gifted Rolls-Royce He Used to Rent to 'Keep Up Appearances': 'Manifestation Complete'." People, October 25, 2021, people.com/music/drake-gifted-rolls-royce-he-used-to-rent-to-keep-up-appearances-manifestation-complete.

10장 최대한 빠르게 성공하려면

- our minds can't actually distinguish: Reddan, Marianne Cumella, Tor Dessart Wager, and Daniela Schiller. "Attenuating Neural Threat Expression with Imagination." Neuron. November 21, 2018;100(4) (November 2018): 994–1005.e4. doi: 10.1016/j.neuron.2018.10.047. PMID: 30465766; PMCID: PMC6314478.
- cancer patients who imagine: Lengacher, Cecile A., Mary P. Bennett, Lois Gonzalez, et al. "Immune Responses to Guided Imagery During Breast Cancer Treatment." Biological Research for Nursing 9(3) (January 2008): 205–14. doi:10.1177/1099800407309374.
- The East German Olympics team: Raiport, Grigori, and Monique Raphael High. Red Gold: Peak Performance Techniques of the Russian and East German Olympic Victors. New York: J.P. Tarcher, Inc, 1988.
- University of Michigan football team: Goldenbach, Alan. University of Michigan: Where Have You Gone?: Gene Derricotte, Garvie Craw, Jake Sweeney, and Other Wolverine Greats. New York: Sports Publishing, 2012.
- six thousand thoughts a day: Tseng, J., and J. Poppenk. "Brain Meta-state Transitions Demarcate Thoughts Across Task Contexts Exposing the Mental Noise of Trait Neuroticism." Nature Communications 11 (2020): 3480. doi.org /10.1038/s41467-020-17255-9.

11장 최대한 빠르게 실패하라

- Oprah kept a gratitude list: Skidmore College. "Skidmore College 2017 Commencement Ceremony." YouTube, May 24, 2017, youtube.com/watch?v=kN6nvXfuzUk.

- "Suffering and happiness": "Remembering Thich Nhat Hanh, Brother Thay." The On Being Project, January 27, 2022, onbeing.org/programs/remembering-thich-nhat-hanh-brother-thay.

12장 당신의 타고난 탁월함을 낭비하지 마라
- The definition of confidence: "Confidence Definition & Meaning." Merriam-Webster, merriam-webster.com/dictionary/confidence.
- compares our confidence levels: Zinsser, Nathaniel. The Confident Mind: A Battle-Tested Guide to Unshakable Performance. New York: Custom House, 2022.

카르마의 선물 ③ 기술적으로 기록하라
- "Things That Make One's Heart Beat Faster": Shōnagon Sei. The Pillow Book. Bletchley, Buckinghamshire, England: Jiahu Books, 2017.
- Benjamin Franklin attributed his success: Franklin, Benjamin. Autobiography. Garden City, NY: Dover Publications Inc., 1996.
- Barack Obama has a long-standing habit: Scherer, Michael. "2012 Person of the Year: Barack Obama, the President." Time, December 19, 2012, poy.time.com/2012/12/19/person-of-the-year-barack-obama/5.
- Octavia Butler, epitomizes the art: Russell, Natalie. "The Octavia E. Butler Collection." Art Papers, June 22, 2018, artpapers.org/the-octavia-e-butler-collection.
- "Turning Back": Le Guin, Ursula K. Lao Tzu: Tao Te Ching. New York: Random House, 2019.

13장 당신은 당신의 영혼을 돌봐야 한다
- "We are spiritual beings": Covey, Stephen R. Living the 7 Habits: The Courage to Change. New York: Fireside Book, 2000.

14장 눈앞에 있는 것에 집중하라
- like the Dead Sea: Uriel, Katz, Yehuda Shoenfeld, Varda Zakin, Yaniv Sherer, and Shaul Sukenik. "Scientific Evidence of the Therapeutic Effects of Dead Sea Treatments: A Systematic Review." Seminars in Arthritis and Rheumatism 42(2) (October 2012): 186–200. doi: 10.1016/j.semarthrit.2012.02.006. Epub April 12, 2012. PMID: 22503590.

- Trees secrete oils: Andersen, L., S.S.S. Corazon, U.K.K. Stigsdotter. "Nature Exposure and Its Effects on Immune System Functioning: A Systematic Review." International Journal of Environmental Research and Public Health. 18(4): (February 2021): 1416. doi: 10.3390/ijerph18041416. PMID: 33546397; PMCID: PMC7913501.
- It flushes toxins: Lulu, Xie, Hongyi Kang, and Qiwu Xu, et al. "Sleep Drives Metabolite Clearance from the Adult Brain." Science 342(6156) (October 2013): 373-77. doi: 10.1126/science.1241224. PMID: 24136970; PMCID: PMC3880190.
- releases hormones to curb inflammation: Mullington, J.M., N.S. Simpson, H.K. Meier-Ewert, and M. Haack. "Sleep Loss and Inflammation." Best Practice & Research. Clinical Endocrinology & Metabolism 24(5) (October 2010): 775-84. doi: 10.1016/j.beem.2010.08.014. PMID: 21112025; PMCID: PMC3548567.
- repair any damaged tissues: Vyazovskiy, Vladyslav V. "Sleep, Recovery, and Metaregulation: Explaining the Benefits of Sleep." Nature and Science of Sleep 7 (December 2015): 171-84. doi: 10.2147/NSS.S54036. PMID: 26719733; PMCID: PMC4689288.

16장 기쁨, 슬픔, 그리고 기쁨

- Genius, Excellence, Competence, and Incompetance: Hendricks, Gay. The Big Leap. New York: HarperCollins, 2009.

18장 리버스 골든 룰: 천재성의 진리

- "gifted" students were chosen at random: Rosenthal, Robert, and Lenore Jacobson. Pygmalion in the Classroom: Teacher Expectation and Pupils' Intellectual Development. New York, Holt, Rinehart and Winston, 1968.

19장 불안이 당신을 나아가게 한다

- "Try not to resist the changes": "A Quote by Rumi." Rumi, Drops of Enlightenment (Quotes & Poems), edited by Murat Durmus (independently published, 2022).

20장 고난은 성공의 근원이다

- "I struck out on three grounds": "Ruth Bader Ginsburg: Who Was She and Why Was She So Important? "BBC Newsround." BBC News, bbc.co.uk/newsround/54235799.
- Octavia Spencer drove: "Octavia Spencer Receives Star on Hollywood Walk of Fame." Per-

formance by Octavia Spencer, Variety, YouTube, December 8, 2022, https://www.youtube. com/watch?v=-3V4CFbc29k.

• considered only for minor roles: "Octavia Spencer Receives Star on Hollywood Walk of Fame." Performance by Allison Janney, Variety, YouTube, December 8, 2022, https://www. youtube.com/watch?v=-3V4CFbc29k.

• "she has paid it forward": "Octavia Spencer Receives Star on Hollywood Walk of Fame."

• Nothing goes away until: Chödrön, Pema. When Things Fall Apart: Heart Advice for Difficult Times (anniversary edition). Boulder, Colo.: Shambhala, 2016.

카르마의 선물 ⑤ 정답이 없다는 게 정답이다

• Every achievement test: Tan, Amy. The Opposite of Fate: Memories of a Writing Life. New York: Penguin Books, 2004.

• Michael Jordan was cut: "Michael Jordan Didn't Make Varsity—at First." Newsweek, April 25, 2016, www.newsweek.com/missing-cut-382954.

• Einstein was told: "What Teacher Said about . . ." The Guardian, January 11, 2005, theguardian.com/education/2005/jan/11/schools.uk1.

• Oprah was demoted: Winfrey, Oprah. The Path Made Clear. New York: Flatiron Books, 2019.

옮긴이 서나연

숙명여자대학교 독문과를 졸업하고, 연세대학교에서 비교문학으로 석사학위를 받았다. 현재 번역 에이전시 엔터스코리아에서 번역가로 활동하고 있다.
옮긴 책으로는 《나를 다 안다는 착각》, 《보이는 기호학》, 《미신 이야기: 믿긴 싫지만 너무 궁금한》, 《젊은 리더들을 위한 철학 수업》, 《하우 투 스케이트보드》 등 다수가 있다.

성공의 카르마

2023년 12월 13일 초판 1쇄 발행

지은이 리즈 트란 **옮긴이** 서나연
펴낸이 박시형, 최세현

책임편집 이채은 **디자인** 윤민지
마케팅 권금숙, 양근모, 양봉호 **온라인홍보팀** 최혜빈, 신하은, 현나래
디지털콘텐츠 김명래, 최은정, 김혜정 **해외기획** 우정민, 배혜림
경영지원 홍성택, 강신우, 이윤재 **제작** 이진영
펴낸곳 쌤앤파커스 **출판신고** 2006년 9월 25일 제406-2006-000210호
주소 서울시 마포구 월드컵북로 396 누리꿈스퀘어 비즈니스타워 18층
전화 02-6712-9800 **팩스** 02-6712-9810 **이메일** info@smpk.kr

© 리즈 트란 (저작권자와 맺은 특약에 따라 검인을 생략합니다)
ISBN 979-11-6534-855-7 (03190)

쌤앤파커스(Sam&Parkers)는 독자 여러분의 책에 관한 아이디어와 원고 투고를 설레는 마음으로 기다리고 있습니다. 책으로 엮기를 원하는 아이디어가 있으신 분은 이메일 book@smpk.kr로 간단한 개요와 취지, 연락처 등을 보내주세요. 머뭇거리지 말고 문을 두드리세요. 길이 열립니다.